GOLDMANN
ARKANA

ZEN-WEISHEIT

Haikus, Koans, Geschichten

Herausgegeben von
Manuela Dunn Mascetti

Aus dem Englischen von
Elisabeth Liebl

GOLDMANN
ARKANA

Die amerikanische Originalausgabe erschien 2001
unter dem Titel »The Little Book of Zen«
bei Barnes & Noble Books, New York.

Umwelthinweis:
Dieses Buch wurde auf chlorfrei gebleichtem Papier gedruckt.
Die Einschrumpffolie (zum Schutz vor Verschmutzung)
ist aus umweltfreundlicher und recyclingfähiger PE-Folie.

1. Auflage
Deutsche Erstausgabe

Published by Arrangement with the Book Laboratory, Inc.
Dieses Werk wurde vermittelt durch die
Literarische Agentur Thomas Schlück GmbH, 30827 Garbsen
Lektorat: Gerhard Juckoff
Umschlaggestaltung: Design Team München
Satz: Uhl + Massopust, Aalen
Druck: GGP Media, Pößneck
Printed in Germany
ISBN 3-442-33721-6
www.goldmann-verlag.de

INHALT

Vorwort

Das Wort *Zen* ist die japanische Übersetzung des chinesischen Wortes *chan*, das wiederum auf den Sanskritbegriff *dhyana* oder »Meditation« zurückgeht. Der Zen-Buddhismus ist ein Pfad, auf dem alle dualistischen Unterscheidungen wie Ich-Du oder Subjekt-Objekt in der Meditation ausgelöst werden. Das Aufgeben der Dualität ist die letztendliche Erfahrung des Zen. Im Zen wird besonderer Wert auf diese Erfahrung der Erleuchtung bzw. des *Satori* gelegt. Auf seine einzigartige Weise lehnt Zen religiöse Praktiken und intellektuelles Studium der buddhistischen Lehre als nutzlos ab, weil es nicht zur Erleuchtungserfahrung führt. Zen setzt auf Methoden, die dem Übenden erlauben, in einem einzigen Augenblick die höchste Wahrheit selbst zu erfahren.

Dieses Buch stellt Ihnen drei der klassischen Methoden des Zen-Buddhismus vor: Haikus, Koans und die Geschichten der Meister.

Das Haiku lässt Erleuchtung im Rahmen eines Atemzuges aufblitzen. Die kürzeste poetische Form der Welt, nur 17 Silben in drei Versen, ist der Länge des menschlichen Ein- und Ausatmens nachempfunden. Es fängt die Zen-Erfahrung im künstlerischen Ausdruck ein. In diesem Buch werden die modernen und klassischen Haikus nach alter Tradition den Jahreszeiten entsprechend eingeteilt. Zu den Autoren zählen Basho, Soseki, Issa, Dakotsu, Sogi, Buson und einige moderne Haiku-Dichter.

Koans sind der zweite Pfeiler traditioneller Zen-Übung. Ein Koan ist ein logisch nicht zu lösendes Rätsel aus einem Sutra oder der Lebensgeschichte eines Zen-Meisters. Koans sind immer paradox. Sie laden uns ein, auf eine andere Bewusstseinsebene überzugehen, auf der uns die höchste Wirklichkeit zugänglich wird. Im Zen werden sie etwa seit dem 10. Jahrhundert als systematischer Übungsweg genutzt. Die Auseinandersetzung mit dem Koan macht dem Schüler die Grenzen des Denkens bewusst, bis es zur inneren Verwirklichung kommt, bei der das dualistische Denken überschritten wird. Ein Koan geistig zu durchdringen ist eine Erleuchtungserfahrung. Dieser Teil des Buches macht uns mit Geschichte, Methode und Bedeutung dieses spirituellen Übungsweges bekannt und stellt sodann einige der Koans aus den traditionellen Sammlungen *Das torlose Tor* und *Die Niederschrift vom blauen Fels* vor.

Der dritte und letzte Teil des Buches ist dem oft ungewöhnlichen Verhalten der Zen-Meister gewidmet. In den Geschichten über sie drückt sich die tiefe Erfahrung des Zen heute noch so aus, wie die zahlreichen Schüler in den Klöstern sie vor langer Zeit erfahren haben.

So deckt das vorliegende Buch das gesamte Spektrum der Zen-Weisheit ab. Es regt die Sinne an, erleuchtet den Geist und führt ihn ein in die Erfahrung der höchsten Wirklichkeit. Für Anfänger wie für erfahrene Zen-Schüler lässt die Komposition aus Bildern und Worten auf jeder Seite lebendiges Zen sichtbar werden.

HAIKUS

Dass weniger mehr sein kann, zeigte sich in der westlichen Kunst erst im Laufe des 20. Jahrhunderts. Die japanischen Haiku-Dichter jedoch hatten sich dieses Prinzip längst auf ihre Fahnen geschrieben. Im begrenzten Rahmen des Haiku mit seinen 17 Silben ist kein Platz für Abschweifungen, und doch lässt ein gutes Haiku genug Raum für eine Bedeutungstiefe, die nicht immer auf den ersten Blick deutlich wird. Das mag vielleicht an der Entstehung dieser poetischen Form liegen, die ihre vollkommene Unabhängigkeit erst im 19. Jahrhundert erlangte. Denn das Haiku stammt ursprünglich aus den »Kettenversen«, einer Art Korrespondenzdichtung, die von zwei oder mehr Dichtern geschaffen wurde. So konnte sich die Bedeutung zweier Verszeilen durch einen neu hinzugefügten Vers jederzeit radikal verändern. Aber erklärt die Tatsache, dass das Haiku aus einer Form entstand, die jederzeit offen sein musste, wirklich alles? Liegt im »Weniger ist mehr« denn nicht schon ein erster Vorgeschmack auf die sprichwörtliche Kargheit des Zen?

Im Falle des großen Dichters Basho, der von sich sagte, dass er »weder Mönch noch Hausvater« sei, weil er ein unstetes Wanderleben führte, mag das ja zutreffen. Doch was ist mit Buson, der sich das Leben eines chinesischen Edelmannes und Dichters zum Vorbild nahm? Wir sollten nicht vergessen, dass in den tausend Jahren, in denen die chinesische Dichtung die japanische stark beeinflusste, es vor allem die buddhistischen Dichter waren, die am meisten ge-

schätzt wurden. Als der »Kettenvers« zur vollen Blüte heranreifte, waren es vor allem die Zen-Mönche, welche die chinesische Lyrik nach Japan brachten. Und diese kannten nun einmal hauptsächlich solche Dichter, in deren Werk ein Hauch von Zen anklang, ob sie nun Buddhisten waren oder nicht.

Suchen wir in früheren Texten nach einem ähnlichen Zusammenhang, dann fällt auf, dass zu einer Zeit, als die chinesischen Dichter sich noch leidenschaftlich gern vom Alkohol inspirieren ließen, die buddhistischen Lyriker bereits nach einer anderen Quelle der Inspiration suchten: dem gesteigerten Gespür für die Wirklichkeit, wie es durch Meditation entsteht. Dies gereichte der ostasiatischen Dichtung und besonders dem Haiku zweifelsohne zum Vorteil. Denn obwohl die Haiku-Form eine ganze Reihe literarischer Konventionen von den »Kettenversen« übernahm – so zum Beispiel bestimmte Signalworte für die Jahreszeiten oder das Material, auf dem das Gedicht festgehalten wurde –, so entwickelte sie doch eine ganz eigene Art des Realismus. Deutlich sichtbar wird dies, wenn man die klarsichtigen Alltagsbeobachtungen eines Basho mit den eher höfisch geprägten Formen früherer Lyrik vergleicht. Und wenn es auch stimmt, was das alte Zen-Wort sagt, dass »Wasser holen und Feuerholz tragen« die eigentlich wunderbaren Fähigkeiten sind, dann ist es doch gleichermaßen richtig, dass diese wunderbaren Fähigkeiten ohne die Form des Haiku niemals zu einem so poetischen Ausdruck gefunden hätten.

T. H. Barrett
Professor für ostasiatische Geschichte
an der *School of Oriental and African Studies*,
Universität London

DIE KUNST DES HAIKU

Ein Mönch fragte einst seinen Meister: »Was ist der Weg?« Spontan antwortete der Meister: »Der Weg ist dein tägliches Leben.« Genau das ist der Kern des Übungsweges im Zen. Die Regeln, welche den Zen-Weg bestimmen, zielen auf unser gesamtes Leben ab, nicht nur auf den Teil, der sich im Meditationsraum abspielt. Die Herausforderung im Zen besteht darin, jeden Tag, jeden Augenblick mit einem klaren, reinen Geist zu begrüßen, sodass die Einheit mit dem gegenwärtigen Moment zur höchsten Lehre wird. Dies ist der Herzschlag, der dem Zen heute noch dieselbe Bedeutung sichert, die es besaß, als es vom Wandermönch Bodhidharma im Jahr 520 von Indien nach China gebracht wurde.

Zen kennt viele Wege (*do*), auf welche die Zen-Prinzipien Anwendung finden, sodass daraus immer neue Formen der Meditation und des Lernens entstanden sind: *chado* – der Teeweg; *kado* – der Blumenweg; *kendo* – der Weg des Schwertes; *kyudo* – der Weg des Bogens; *judo* – der Weg der Selbstverteidigung; *shodo* – der Weg der Kalligraphie. Was all diesen Künsten zugrunde liegt, ist die vollständige Wahrnehmung des Augenblicks – *jetzt* und *hier* zu sein. Auch die subtile Kunst des Haiku wird davon geprägt.

Das Haiku ist eine dichterische Form, die sich in Japan gegen Ende des 17. Jahrhunderts entwickelte. Sie besteht aus drei Versen mit fünf, sieben und wieder fünf Silben. Dass es in Japan so populär wurde und auch heute noch hoch geschätzt wird, liegt an den ästhetischen Prinzipien, denen es gehorcht.

Ein Haiku ist wie das Auge des Sturms. Ein Haiku-Moment ist ein Augenblick absoluter Intensität, in dem sich der Dichter seiner Intuition voll öffnen kann, sodass das Bild, das er präsentiert, ein Eigenleben erhält. Die Kunst des Haiku liegt also darin, die Wirklichkeit in diesem winzigen Rahmen einzufangen, in dem Leser und Dichter eine Erfahrung miteinander teilen. Die blitzartige Einsicht, die sich dabei aufdrängt, hat das Haiku zur poetischen Form des Zen schlechthin gemacht. In Haikus finden jene Erlebnisse Ausdruck, die mit dem logischen Verstand nicht beschrieben werden können. Ihre dichterische Form ist von einer unglaublich lebendigen Schönheit. Ihre bewegende, schwer zu fassende Eigenheit erweckt beim Leser Freude und Ruhe zugleich.
Das Haiku ist möglicherweise der jüngste Spross einer uralten Form japanischer Dichtung: Das *katauta* diente dazu, die Äußerungen der Götter wiederzugeben. Das *katauta* ist ein Frage-und-Antwort-Spiel zwischen zwei Göttern, das von Männern und Frauen während jahreszeitlicher Feste dramatisch inszeniert wurde – zur Steigerung der Fruchtbarkeit von Feldern, Tieren und Menschen. Es folgt demselben Silbenmuster wie das Haiku: 5-7-5, was zusammen 17 Silben ergibt. Diese 17 Silben entsprechen der Länge eines menschlichen Atemzuges. Die Unterhaltung zwischen Göttern und Geistern erfolgte also in einem Atemzug, einem einzigen Augenblick. Eben diesen Zeitrahmen hat das Haiku später zu seiner kunstvollsten Form erhoben – zum Haiku-Moment. Wenn wir einen farbenprächtigen Sonnenuntergang oder eine zarte Blüte sehen, halten wir ange-

sichts dieser Schönheit häufig inne. Diesen Geisteszustand könnte man die »Ah-« oder »Ach-Erfahrung« nennen, denn der Betrachter reagiert meist mit einem Seufzer, der genau einen Atemzug dauert. Das Objekt hat von uns Besitz ergriffen. Wir sind uns nur noch seiner Formen, Farben, Schattierungen und Töne bewusst. In diesem kurzen Moment erkennen wir einen Zusammenhang, den wir noch nie vorher gesehen haben. So ein Erlebnis in uns hervorzurufen ist das Ziel des Haiku, die ureigenste Intention hinter dieser Form. Haiku-Dichtung

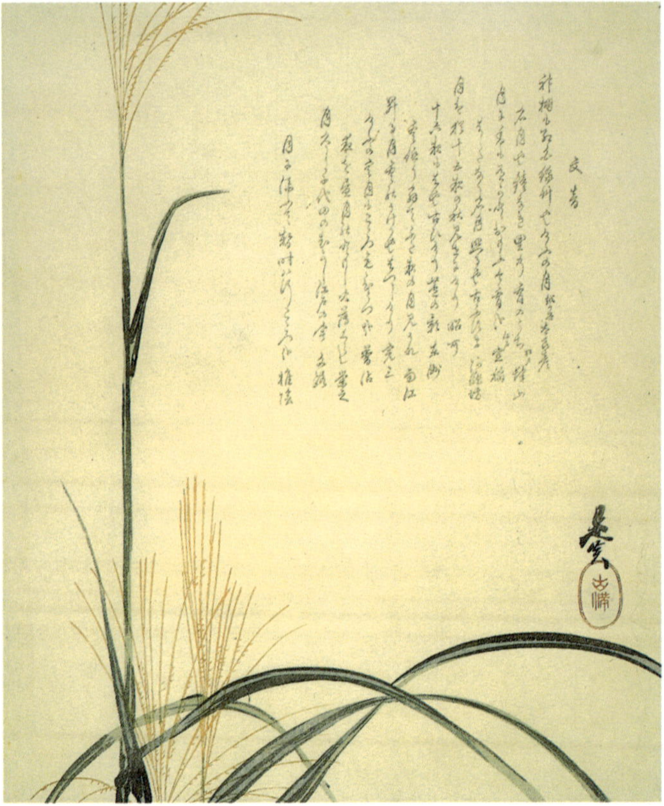

versucht, einen Moment erlebbar zu machen, aber sie gibt keinen Kommentar dazu. Wollte man diese Kunst beschreiben, so ist sie am ehesten vergleichbar mit dem Prozess der Bildbetrachtung, bei dem Erfahrung und Kontemplation aus ein und demselben Bewusstsein erwachsen. Jedes Wort in einem Haiku *ist* eine Erfahrung. Es verweist nicht auf eine übergeordnete Bedeutung, wie dies in einem Roman oder Sonett der Fall ist. Daher besteht die höchste Kunstfertigkeit beim Haiku in seiner Frische, weil es aus der Unmittelbarkeit des Erlebens hervorgeht. Dies erweckt im Leser echte Freude, die nicht nur einmal fühlbar wird. Haikus kann man immer wieder lesen, ohne dass sie einem schal vorkommen.

Die Haiku-Erfahrung besteht aus drei Elementen: wo, was, wann. Diese werden an eine Emotion gebunden, damit sich daraus ein Ganzes herauskristallisiert. In einem guten Haiku sind die Elemente von Ort, Objekt und Zeit so unlösbar ineinander verwoben, dass der Leser dadurch ein Vorgefühl des Nirwana erfährt. Um die Kunstfertigkeit seines Schöpfers würdigen zu können, muss man sich klar machen, dass der Künstler immer nach dem Absoluten strebt. Und das Absolute duldet keine Abstufungen. Es wird entweder erreicht oder nicht – wie eine Zen-Erfahrung. Meist wird das Ziel verfehlt, doch das stetige Streben nach dem Allerhöchsten hält dieses im Bewusstsein fest. Genau dies macht den ästhetischen Geist des Haiku so kraftvoll.

Das Haiku ist heute in Japan populärer als je zuvor. Die kürzeste Gedichtform der Welt passt sich unserer Zeit und der spirituellen Erneuerung an, die sie mit

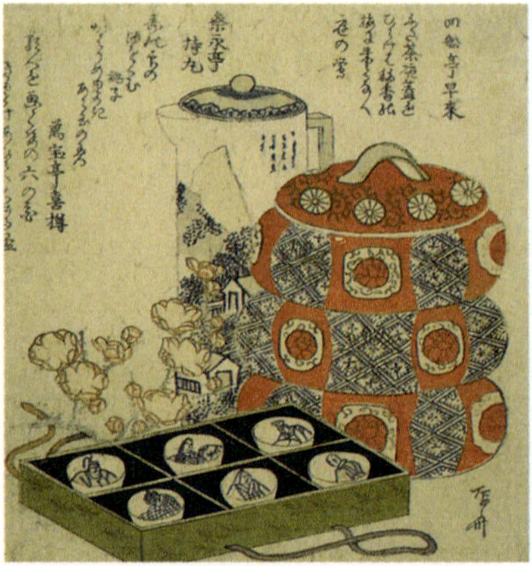

sich gebracht hat. Zeitgenössische Dichter vereinen in ihren Haikus die Bilder des traditionellen, heute schon fast anachronistisch zu nennenden Japan der Tatami-Matten, Bambusflöten und Götterschreine mit der neuen Bildsprache unserer schnelllebigen Gegenwart. Themen wie Licht und Schatten, Stille und Klang zeigen eine gewisse Faszination für das Raumgefühl und die Akzeptanz jener universellen Mächte, die sich in den formalen Traditionen eines längst vergangenen Zeitalters niederschlugen. Andere moderne Haiku-Dichter brechen auch mit dieser Konvention und geben ihren Haikus Strukturen jenseits des alten 5-7-5-Musters. Auch die klassische Bindung an die Welt der Natur und die Schönheit der Jahreszeiten wird mitunter preisgegeben. Doch immer noch braucht es Jahre der Übung, bis ein Künstler die Haiku-Form meistert. In Japan sagt man, dass ein Haiku-Dichter seine höchste Kunstfertigkeit erst mit 65 Jahren erreicht. Es gibt in Japan Tausende von Hobby-Dichtern, die kunstvolle Haikus schreiben, sich ihren Lebensunterhalt jedoch auf andere Weise verdienen. Die »Berufsdichter« hingegen bieten Kurse an, treten im Fernsehen auf und veröffentlichen ihre Haikus in Zeitschriften. Längst hat das Haiku auch die Grenzen Japans überschritten. Vor allem in den Vereinigten Staaten versuchen Zen-Schüler und Haiku-Dichter ihre Erfahrung in dieser klassischen Form auszudrücken.

Hier stellen wir eine Auswahl von Gedichten verschiedener Lyriker vor: Matsuo Basho (1644–1694) war der Erste, der sich ganz der Haiku-Dichtung verschrieb, ebenso wie seine berühmten Nachfolger Yosa Buson (1718–1783) und Kobayashi Issa (1763–1827). Diese drei gelten als die frühen Meister der Haiku-Dichtung. Darüber hinaus finden sich Gedichte von modernen Poeten wie Natsume Soseki (1867–1916) oder Toshimi Horiuchi.
Besonderer Wert wurde bei der Auswahl auf zeitgenössische Frauendichtung aus Japan gelegt: Iida Dakotsu (geb. 1914), Kimiko Itami (geb. 1925), Sonoko Nakamura (geb. 1913) und Keiko Ito (geb. 1935). Teilweise wurden diese Gedichte hier zum ersten Mal aus dem Japanischen übersetzt. Dabei wurde manchmal auf die starre Einhaltung des bekannten Silbenschemas verzichtet, einerseits deshalb, weil dieses Schema dem Japanischen sehr viel näher liegt als dem Deutschen, andererseits aber auch deshalb, weil es teilweise von den Dichtern selbst durchbrochen wurde. Da das Haiku jedoch untrennbar mit der Bilderwelt der Jahreszeiten verbunden ist, wurde die traditionelle Einteilung in Frühling, Sommer, Herbst und Winter beibehalten.

FRÜHLING

Von Blüten bedeckt.
Ach, könnte ich doch sterben
in unserem Traum!
ETSUJIN

Still sitzen, nichts tun.
Der Frühling kommt, und ganz von
selbst
wächst das Gras wieder.
OSHO

Im Frühlingsregen
Geschichten sich erzählend
gehn Schirm und Mantel.
YOSA BUSON

Vorneweg spaziert
die Mutterkrähe.
Das Kleine folgt ihr nach.
NARUSE OTOSHI

Zum Frühlingsbeginn
wallen Wolken auf und ab
am Bergtempeltor.
IIDA DAKOTSU

Frühlingsregen:
Komm, Nachtigall, schlüpf auch du
unter mein Nachtgewand.
NATSUME SOSEKI

Wie prasselndes Feuer:
Das Eis auf dem Fluss
schmilzt.

KEIKO ITO

Komm doch her zu mir!
Lass uns zusammen spielen,
verwaister Sperling!

KOBAYASHI ISSA

Wie klar und süß
das Wasser der Bergquelle
abends dem Pilger schmeckt.

KAMIO KUMIKO

Über dem weiten Grün
der Fuji – wolkengekrönt
von Frühlingsstürmen.

MORI SUMIO

Pflaumenblütenschrein:
Stimmen wehen herüber
vom Fuß der Berge.

NATSUME SOSEKI

Ein Kirschblütenblatt
taumelt herab, fällt in die
Stille der Berge.

KENNETH TANEMURA

Meiner Mutter Geist
kehrt nachts zurück und schaut auf
die Pflaumenblüte.

NOBUKO KATSURA

Buddhas Lehre
erstrahlt
im Tau auf den Blättern.

KOBAYASHI ISSA

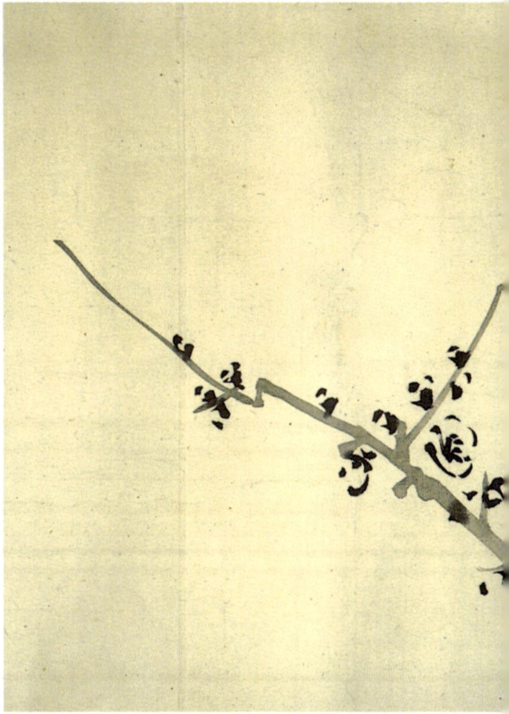

Welch langer Frühlingstag!
Jeder gähnt dem andern zu
und geht seines Wegs.

NATSUME SOSEKI

Die Blätter streifend fällt
eine weiße Kamelienblüte
tief in den Brunnen hinab.

BASHO

SOMMER

Vor strahlendem Blau
ein Segel in der Ferne –
mein Herzenssegel.

YAMAGUCHI SEISHI *1901

Ich drehe mich um,
rieche den Strohmattenduft:
Der Sommer ist da.

YE QIAN-YA

Geburt und Tod in eins:
Schon hat sich weit geöffnet
die Lotosblüte.

NATSUME SOSEKI

»Sommerleichtigkeit, mein Lieber«,
sagte ich zu ihm und konnte
eine Träne nicht verbergen.

KIGIN

Flackerndes Lagerfeuer –
Ich knie an der Bergquelle
und trinke Sterne.

CHARLES B. DICKSON

Wenn das Licht erlischt,
treten die kühlen Sterne
durch das Fenster ein.

NATSUME SOSEKI

Weint nicht, Insekten –
auch Liebende, selbst Sterne
müssen sich trennen.

KOBAYASHI ISSA

Ein zerbrochener Regenbogen
zerfließt unter den Gewitterwolken
wie eine stille Kathedrale.

JAMES KIRKUP

Die rote Sonne
stürzt hinab ins Meer:
Was für eine Hitze!

NATSUME SOSEKI

Die Lerche singt schon
den ganzen Tag, doch der ist
längst nicht lang genug.

BASHO

Das Lied der Zikade
gibt uns kein Zeichen davon,
wie kurz ihr Leben ist.

BASHO

Die tote Mutter im Sinn,
denke ich, es ist Zeit,
mich sommerlich anzuziehen.

NATSUME SOSEKI

»Schau nur, der Glühwurm«,
hätte ich gerne gesagt –
da war ich allein.

TAIGI

Wo Menschen sind,
gibt es Fliegen
und Buddhas.

KOBAYASHI ISSA

Bietet der Himmel
dir keinen kürzeren Weg:
Mond in der Sommernacht?

DAME SUTE-JO

Baumwollgedanken
verknüpft sie zu Netzen, die
Sommersonnwendfrau.

KIMIKO ITAMI

HERBST

Auf kahlen Zweigen
sitzt allein eine Krähe,
abends im Herbst.

BASHO

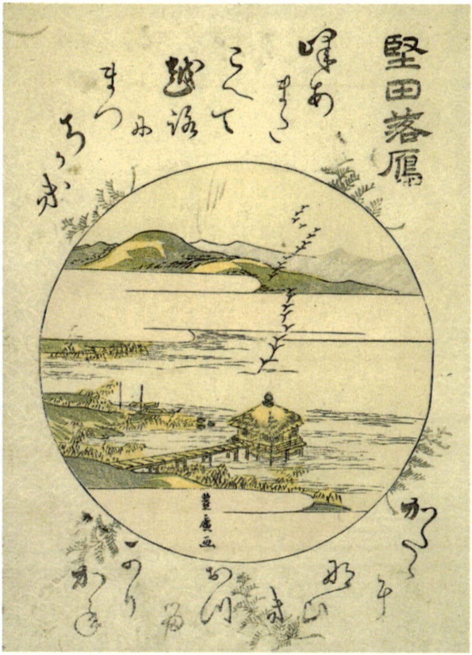

Wildgänse fliegen
an den Bahngleisen entlang
im Licht des Mondes.

SHIKI

Purpurwinde:
Zauber der Schönheit – ein Traum
weniger Tage.

NATSUME SOSEKI

Herbstlicher Vollmond –
auf die Strohmatte fällt der
Schatten der Kiefer.

KIKAKU

Ein Nachmittag im Herbst …
drei weiße Wolken ziehen
still über den Teich.

PATRICIA NEUBAUMER

Sogar die Klöße
sind kleiner geworden
im herbstlichen Wind.

KYOROKU

Was für ein Mond –
sogar der Dieb hält inne
und stimmt ein Lied an.

BUSON

Blätter, fragt den Wind,
welches von euch er zuerst
vom grünen Baum holt.

NATSUME SOSEKI

Fallende Blätter –
harken, und doch:
lieber noch nicht.

TAIGI

Herbstabend –
die Knie mit den Armen umschlingen
wie ein Heiliger.

KOBAYASHI ISSA

Im Zwielicht unter
Mammutbaum und Kiefer blühen
spärlich die Glyzinien.

SHIHOTA

Nachtfrost –
rhythmischer Flügelschlag
der Mandarinenten.

SOGI

Glockengeläute
in der Abenddämmerung
über dem Wasser.

Sonoko Nakamura

Herbstgeruch –
das Herz sehnt sich nach dem
Raum mit vier Matten.

Basho

Sturm:
ein Kastanienrennen
über die Bambusveranda.

Shiki

Ein Herbstwind kommt auf.
Der Hirsch spürt ihn und lauscht
mit offenen Augen.

FUKUDA KINEO

Wind aus dem Westen,
abgefallene Blätter
häuft er im Osten.

BUSON

WINTER

Komm, lass uns gehen
und dem Schnee zusehn, bis wir
darin versinken.

BASHO

Schnee sammelt sich auf
Mandarinentenflügeln.
Oh, diese Stille!

SHIKI

Durch pures Da-Sein
bin ich hier –
im Schneegestöber.

KOBAYASHI ISSA

Warum häng ich so
an dieser Welt, in die wir nur
zum Sterben kommen?

NATSUME SOSEKI

Ach, der Wintertag!
Der Schatten des Reitersmanns
friert auf der Erde.

BASHO

Lichter der Häuser
im Schnee – Türen, die vor mir
zugeknallt wurden.

BUSON

Die Weiden kahl, der
Bach vertrocknet, vor mir die
einzelnen Steine.

BUSON

Kalt ist es, aber
lass lieber das Spiel mit dem
Feuer, Schneebuddha.

SOKAN

In der Stadt braucht man
Geld, auch wenn man nur
den Schnee auftauen möchte!

KOBAYASHI ISSA

Ein Priester sitzt fest
im Haus, wärmt sich am Feuer
einer Buddhastatue.

NATSUME SOSEKI

Winterbrunnen:
Ein Eimer
voll Sternenlicht.

HORIUCHI TOSHIMI

Wintersonnwende –
die Sonne füllt den Himmel
der Gebirgsprovinz.

IIDA DAKOTSU

Sieh nur, wie der Fluss
sich als lange Linie
durch das Schneefeld zieht.
BONCHO

Was ist dein
ursprüngliches Wesen,
Schneemann?
NATSUME SOSEKI

Glitzernde Flocken:
Der Wind zerbricht
gefrorenes Mondlicht.
HORIUCHI TOSHIMI

Meilenweit Frost –
auf dem See der Mond
gehört mir ganz allein.

BUSON

Vor dem Fenster Schnee;
eine Frau sitzt im heißen Bad,
Wasser quillt über.

NOBUKO KATSURA

Zu Ende das Jahr;
Schirmhut und Strohsandalen
trag ich noch immer!

BASHO

KOANS

Heute, wo das »Klatschen der einen Hand« durch unsere multikulturelle Welt hallt, haben viele Menschen, die noch nie Zen geübt haben, zumindest eine ungefähre Vorstellung davon, was ein Koan ist. Wenn man sie fragte, würden sie wohl eine leidlich brauchbare Definition liefern: »ein Zen-Rätsel, das den logischen Verstand herausfordert« zum Beispiel, vielleicht noch mit einem Hinweis auf die merkwürdigen Formulierungen, um die es dabei geht. Daher trifft uns die wörtliche Bedeutung des Begriffes »koan« eher unvorbereitet. Es bedeutet »ein Fall vor Gericht«, oder »Prozessakten«. Genau dasselbe Wort findet sich im Titel traditioneller chinesischer Kriminalromane, wo sich allerdings alles um logisch lösbare Rätsel dreht.

Doch wir müssen noch weiter zurückgehen, wollen wir die eigentliche Bedeutung dieses Begriffes verstehen. Seit der Zeit des ersten chinesischen Kaisers haben die Herrscher Chinas das Recht mithilfe einer ausgeprägt hierarchischen Bürokratie durchgesetzt. Der Gerichtshof war gefürchtet, und die Hölle selbst galt im Volksmund als Gericht in der Jenseitswelt. Wenn die Gerichtsakte zu einem Fall geschlossen wurde, war nicht nur das Puzzle gelöst, sondern eine Angelegenheit auf Leben und Tod hatte ihren Abschluss gefunden – sowohl für den Richter, dessen Urteil von seinen Vorgesetzten genauestens überprüft wurde, als auch für die Unglücklichen, die in den Fall verwickelt waren. Gibt es also ein besseres Wort für die »Fälle«, mit deren »Lösung« der Zen-Schüler be-

traut wird und die meist dem Leben erleuchteter Meister entstammen? Denn wie werden diese Fälle nun gelöst? Es gibt ja keine richtige Antwort – sei es verbal oder nichtverbal –, die das Problem ein für alle Mal lösen würde. Der einzig mögliche Abschluss ist eine Form der Erleuchtung. Wenn wir also vom Koan-Studium reden, dann haben wir es mit einer Lehrmethode zu tun, die jeder Bildungsminister garantiert ablehnen würde: kein Lehrplan, kein Zeitplan und vor allem keine Erfolgsgarantie, nicht einmal für eifrige und intelligente Schüler.

Die japanische Zen-Tradition, nach der hier zitiert wird, hat zwar aus dem Fundus von etwa 1700 überlieferten Koans bestimmte ausgewählt, mit denen am häufigsten gearbeitet wird, doch dies ist eine recht willkürliche Angelegenheit. Letztlich geht es darum, dass das Koan als Mittel dient, in den Geist des Meisters einzudringen, dem dieses Koan zugeschrieben wird. So gesehen ist ein Koan so gut wie das andere. Denn was hier zählt, ist nicht die Antwort, sondern der Antwortende. Vor diesem Hintergrund wird verständlich, weshalb der

große Ta Hui die Koan-Sammlung seines Meisters verbrannt hat. Er fürchtete, seine Schüler würden nur intellektuelles Wissen daraus beziehen. Meiner Ansicht nach sollte zwar jeder gebildete Mensch mit den klassischen Koans, wie sie hier präsentiert werden, vertraut sein, denn ihr Geist durchzieht die gesamte ostasiatische Kultur. Doch ursprünglich waren diese Geschichten nicht auf den Erwerb von Bildung ausgerichtet, sondern auf etwas Wichtigeres.

T. H. Barrett

DAS KOAN ALS WEG IM ZEN

Das traditionelle Tempelleben in Japan und Korea wird weitgehend vom Zen-Buddhismus bestimmt. Ursprünglich wurde der Zen-Buddhismus von dem indischen Mönch Bodhidharma, einem direkten Nachfahren des Buddhaschülers Mahakashyapa, im Jahre 520 nach China gebracht. Obwohl vor ihm schon mehrere indische Lehrer aus den verschiedenen buddhistischen Schulen nach China gekommen waren, so war es doch keinem gelungen, eine Schülergemeinde aufzubauen. Bodhidharma aber brachte die *Essenz* von Buddhas Erfahrung mit sich – seine Erleuchtung. Er schob das gesamte Instrumentarium des Buddhismus, seine Meditationsgottheiten, Schriften und Rituale, beiseite und schuf in China eine Schule, in der die Mönche mit gekreuzten Beinen auf dem Boden saßen und dabei nicht die Sutren studierten, sondern danach strebten, ihre wahre Natur zu verwirklichen. Diese Praxis nannte man in Sanskrit *dhyana* – was wörtlich einfach »Meditation« heißt. In China sprach man diesen Begriff *ch'an* aus, später in Japan, wo diese Richtung zur vollen Blüte heranreifte, wurde das Wort *zen* daraus.

Die Entstehung des Zen als eigene Tradition innerhalb des Buddhismus war ein langwieriger Prozess. Während der T'ang-Zeit (618–907) war der Buddhismus vollständig mit dem chinesischen Alltag verschmolzen. Er war zur Institution geworden. Buddhistische Tempel und Klöster waren in Stadt und Land anzutreffen, und die Mönche und Nonnen in ihrer charakteristischen Tracht waren ein vertrauter Teil des täglichen Lebens. Mit der weiten Verbreitung hatte der Buddhismus seine ursprüngliche einfache Form verloren. Zahlreiche neue Rituale waren entstanden. Die Chinesen beteten Buddha an, strebten jedoch nicht danach, seine Botschaft in die Tat umzusetzen. Daher versuchten die ersten chinesischen Zen-Meister, Buddhas Lehre ins Hier und Jetzt zurückzuholen. Sie wollten zeigen, dass Erleuchtung kein Ziel war, das die Kräfte des Menschen überstieg und erst nach endlos langen Zeiten der Praxis erlangt werden konnte. In ihren Augen war Erleuchtung ein Geisteszustand, der mithilfe von Achtsamkeit auch im Alltag erlebt werden konnte. Um Buddhas ursprüngliche Erfahrung für ihre Schüler erlebbar zu machen, ersannen die chinesischen Meister einige praktische Methoden, wie zum Beispiel die Koans. Sie sollten den Schülern einen unmittelbaren »Geschmack« von Buddhas Erleuchtung geben.

Was ist ein Koan? Diese Frage führt über alles Bekannte und Unbekannte hinaus in die Unmöglichkeit des Wissens. Koans, wörtlich »Fälle«, sind ein besonders charakteristisches Element des

Zen-Buddhismus. In der religiösen Literatur anderer Glaubenstraditionen gibt es jedenfalls nichts Vergleichbares. Sie stammen ursprünglich aus China und stellen Probleme dar, die Zen-Schülern zum Studium aufgetragen werden. Letztlich geht es dabei um unlösbare Rätsel, auf die der Schüler eine Antwort finden muss. Die Antwort kann jedoch nicht mithilfe des Verstandes gefunden werden, sie beruht vielmehr auf innerer Erfahrung. Die meisten Koans nehmen Geschichten aus dem Leben von Zen-Meistern und dem Klosterdasein auf. In vielen Fällen geht es um Antworten, die Meister auf die Fragen ihrer Schüler gegeben haben, oder um den Austausch erleuchteter Meister untereinander. All diese Männer und Frauen strebten aus ganzem Herzen nach der Erfahrung des Erwachens, Satori. Tatsächlich ist die Erleuchtung durch die Koan-Praxis eine der zentralen Schulungsmethoden des Zen. Die »Instrumente« waren zwar Resultat spontaner Weisheit, wurden jedoch aufgezeichnet und von Generation zu Generation, von Kloster zu Kloster weitergegeben. Heute werden Koans in allen Schulen des Zen benutzt, wobei sie im Rinzai-Zen größere Bedeutung erlangt haben als im Soto-Zen.

Koans sind lebendige Erinnerung an eine Zeit, die zwar längst vorüber ist, aber

für unser Innenleben immer noch von Bedeutung ist, eine Zeit, in der nicht Verstand und Logik die Menschen beherrschten, sondern Intuition und Einssein mit der Natur. Koans sind wie ein Echo, das aus einem Teil unseres Selbst zu uns dringt, einem Teil, den wir wieder an die Oberfläche holen müssen, wenn wir die Erleuchtung schmecken wollen. Koans sind die Kunst, zu unserem eigenen Licht zurückzukehren und uns von ihm erhellen zu lassen.

Dieses Buch stellt Ihnen eine Auswahl aus den beiden bekanntesten Koan-Sammlungen vor: *Das torlose Tor* (japanisch *Mumonkan*) und *Die Niederschrift vom blauen Fels* (japanisch *Hekiganroku*). *Das torlose Tor* ist die jüngere dieser beiden Sammlungen. Sie wurde 1228 von dem chinesischen Zen-Mönch Wu-men Hui-k'ai (japanisch Mumon Ekai) verfasst. Normalerweise beschäftigt der Schüler sich zuerst damit, da diese Textsammlung kürzer und einfacher ist. *Die Niederschrift vom blauen Fels* wurde vom chinesischen Zen-Meister Hsüeh-tou (japanisch Setcho, 980–1052) besorgt und enthält Koans von enormer geistiger Tiefe. In diesem Werk sind die Koans nach ansteigendem Schwierigkeitsgrad geordnet und werden dem Leser kurz erklärt.

Die tiefe Einsicht von Zen-Meistern wie Ummon, Hyakujo, Baso, Joshu, Obaku und Nansen in die Essenz von Buddhas Lehre war es, die dafür sorgte, dass Zen sich in China und Südasien verbreitete. Sie ersannen Methoden und Formen der Praxis, um diese zeitlose Lehre den spezifischen Bedürfnissen der Menschen anzupassen, welche die Belehrungen empfingen. Sie lehrten den Dharma von Mensch zu Mensch und wählten Schüler aus, deren Begabung und ernsthaftes Bemühen sie zu passenden Kandidaten machte, um die Fackel des Zen weiterzutragen. Die Koans, die hier vorgestellt werden, sind selbst ein wahrer Schatz an Weisheit, ein gründliches und einzigartiges Geistestraining, mithilfe dessen wir unser Bewusstsein in Weisheit verwandeln können. Koans sind eine Landkarte, die uns den Weg durch das Unbegreifliche weist. Gezeichnet wurde sie von all jenen, die bereits dort waren und wünschen, dass wir ihnen nachfolgen mögen.

DAS TORLOSE TOR

Der große Weg ist ohne Tor.
Tausend Straßen führen zu ihm.
Wer dieses torlose Tor durchschreitet,
wandert frei zwischen Himmel und Erde.

FALL 7: JOSHUS »WASCH DEINE ESSSCHALE«

Ein Mönch sagte zu Joshu: »Ich bin eben in dieses Kloster eingetreten. Bitte erteilt mir Unterweisung.« »Hast du deinen Reisbrei gegessen?«, fragte Joshu. »Ja, das habe ich.« »Dann wasch deine Essschale«, meinte Joshu. In diesem Augenblick erfuhr der Mönch ein Erwachen.

Joshu (778–897), der mit 17 Jahren vollständiges Erwachen erfuhr, war einer der größten chinesischen Zen-Meister überhaupt. Als er den Mönch fragte, ob er bereits gefrühstückt habe, wollte er testen, auf welcher Bewusstseinsebene sich dieser befand. Die erste morgendliche Übung der Mönche in einem Zen-Kloster ist es, auf einen einzigen tiefen Ton Sutren zu singen. Dieser Ton durchdringt Körper und Geist und bereitet die Mönche auf die absolute Stille (*Samadhi*) in der folgenden Meditation vor. Während des ruhig und achtsam eingenommenen Frühstücks wird das Samadhi aufrechterhalten. Der Mönch erkennt, wonach Joshu eigentlich fragt, nämlich ob er in der Lage war, den meditativen Geisteszustand während des Essens beizubehalten, und bejaht dies. Joshus Antwort, dann solle er seine Essschale waschen, verweist den Mönch auf die Anforderungen des Hier und Jetzt. Das Frühstück ist vorüber. Er soll sich auf die Gegenwart konzentrieren. Was vergangen ist, ist vergangen. Wasch es mit den Resten des Reisbreis weg.

FALL 9: DER BUDDHA DAITSU CHISHO

Ein Mönch fragte Koyo Seijo: »Daitsu Chisho Buddha saß zehn Kalpas lang in Meditation und konnte die Buddhaschaft nicht erlangen. Er wurde nicht zum Buddha. Wie konnte das geschehen?« Seijo meinte: »In dieser Frage ist die Antwort schon enthalten.« Doch der Mönch bohrte weiter: »Er meditierte doch so lange. Warum erwachte er nicht zur Buddhaschaft?« Seijo sagte: »Weil er nicht zum Buddha werden konnte!«

Daitsu Chisho Buddha ist der Buddha der vollkommenen, alles durchdringenden Weisheit. Ein Kalpa ist ein Zeitmaß, das mehrere Hunderttausend Jahre umfasst. Im buddhistischen Weltbild bezeichnet es die Zeit zwischen dem Entstehen zweier aufeinander folgender Universen. Zehn Kalpas lang in Zazen sitzen ist nur ein Ausdruck, der zeigen soll, dass im absoluten Samadhi Zeit keine Rolle mehr spielt. Im Zustand des Samadhi gibt es keine Erleuchtung, keine Verwirklichung, keine Buddhaschaft, sondern nur das reine Samadhi. Daitsu Chisho Buddha konnte kein Buddha *werden*, weil er von Anbeginn an ein Buddha war.

FALL 15: TOZANS 60 STOCKSCHLÄGE

Tozan kam zu Ummon und bat um Unterweisung. Ummon fragte: »Woher kommst du?« »Aus Sato«, gab Tozan zurück. »Wo warst du den Sommer über?«, meinte Ummon. »Im Hozu-Kloster, südlich vom See.« »Und wann bist du dort weggegangen?« Tozan antwortete: »Am 25. August.« Da sagte Ummon: »Du hast 60 Stockschläge verdient, aber ich erspare sie dir.«

Am nächsten Tag kam Tozan zu Ummon und sagte: »Gestern hast du mir 60 Stockschläge erspart. Was habe ich falsch gemacht?« »Oh, du alter Reissack!«, rief Ummon aus. »Was lässt dich denn herumwandern, westlich vom Fluss, südlich vom See?« Da erlebte Tozan eine tief gehende Erleuchtung.

Ummon (der 949 starb) war der Begründer einer der fünf großen Zen-Schulen. Tozan (910–999) war einer seiner begabtesten Schüler. Einem Schüler Schläge zu ersparen ist eine große Beleidigung. Der Schüler ist also nicht einmal wert, vom Meister bestraft zu werden. Als Ummon Tozan fragt, wozu er von einem Kloster zum anderen gewandert ist, zeigt er ihm, dass er das, was er sucht, schon in sich trägt. Er sollte sich darauf konzentrieren, es ans Tageslicht zu bringen, statt ständig von Kloster zu Kloster zu wandern. Als Tozan dies erkennt, erlebt er eine Erleuchtung.

癸丑仲冬寫於寫山
樓中 文晁

FALL 19:
NANSENS »DER ALLTÄGLICHE GEIST IST DER WEG«

Joshu fragte Nansen: »Was ist der Weg?« »Der alltägliche Geist ist der Weg«, gab Nansen zurück. »Soll ich versuchen, ihn zu finden?«, wollte Joshu wissen. »Wenn du das versuchst, verfehlst du ihn«, antwortete Nansen. »Aber wie kann ich den Weg finden, wenn ich ihn nicht suche?«, bohrte Joshu weiter. Nansen meinte: »Der Weg ist keine Frage von Wissen oder Nichtwissen. Wissen ist Illusion, Nichtwissen Verwirrung. Wenn du den Weg erkennst, der frei von Zweifeln ist, wirst du ihn so weit und grenzenlos finden wie den Raum. Wie kann man also in diesem Zusammenhang von ›richtig‹ oder ›falsch‹ sprechen?« Bei diesen Worten erfuhr Joshu unmittelbare Einsicht.

Der alltägliche Weg ist Samadhi, die Ruhe des Geistes. Wenn wir in Samadhi ruhen, sind wir einfach in Samadhi. Dann müssen wir nicht nach dem Weg suchen. Samadhi ist eine Erfahrung, die nicht mit dem Verstand erfasst werden kann. Samadhi ist weit und grenzenlos, jenseits von »richtig« oder »falsch«.

FALL 21: UMMONS KANSHIKETSU

Ein Mönch fragte Ummon: »Was ist Buddha?« Dieser antwortete: »Ein Kanshiketsu.«

Der *Kanshiketsu*, wörtlich »Scheißstock«, wurde früher statt Toilettenpapier benutzt. Er wurde schmutzig, weil man sich damit säuberte. Wenn dies keine passende Definition für den Buddha ist, was dann? Wir geben ihm den Ehrentitel Buddha, eben weil wir für den Stock so dankbar sind.

FALL 29: NICHT DER WIND, NICHT DIE FAHNE

Zwei Mönche stritten über eine Fahne. Einer meinte: »Sie bewegt sich.«
Der andere antwortete: »Der Wind bewegt sich.« Als der sechste Patriarch vorbeikam, sagte er: »Nicht der Wind, nicht die Fahne, euer Geist ist es, der sich bewegt.«

Wenn der Zen-Meister einen Vortrag hielt, zog man vor dem Kloster eine Fahne auf, um dies der Öffentlichkeit kundzutun. Zwei Mönche ließen sich von der Fahne ablenken und fingen zu streiten an. Die Bemerkung des sechsten Patriarchen brachte sie dazu, tiefer in das Wesen des eigenen Geistes zu schauen.

FALL 32: EIN PHILOSOPH BEFRAGT DEN BUDDHA

Ein Philosoph fragte Buddha: »Vermagst du mir ohne Worte oder Nicht-Worte die Wahrheit zu vermitteln?«
Der Buddha schwieg.
Der Philosoph verbeugte sich und dankte dem Buddha: »Deine grenzenlose Güte hat meine Illusionen ausgelöscht. Nun habe ich den wahren Pfad betreten.«
Nachdem der Philosoph gegangen war, fragte Ananda den Buddha, was der Philosoph denn erfahren habe.
Buddha antwortete: »Ein gutes Pferd läuft schon los, wenn es nur den Schatten der Peitsche sieht.«

Buddhas Schweigen, sein Samadhi, war die höchst subtile Lektion, die der Meister dem Philosophen erteilte. Die Tiefgründigkeit dieser Belehrung ist mit dem Schatten vergleichbar, die Plötzlichkeit der Erleuchtung selbst mit der Peitsche.

FALL 38:
EIN BÜFFEL GEHT AN EINEM FENSTER VORBEI

Goso sagte: »Ein Büffel geht am Fenster vorbei. Sein Kopf, seine Hörner und seine Beine gehen vorüber. Warum nicht auch der Schwanz?«

Der Büffel, der am Fenster vorbeigeht, ist eine Metapher für das, was während der Zen-Praxis geschieht. Gedanken, Emotionen, Empfindungen gehen durch das Bewusstsein hindurch, als wären sie Wolken, die über einen klaren Himmel dahinziehen. Der Kopf, die Hörner und die vier Beine gehen vorbei: Die Aktivitäten des Bewusstseins lösen sich allmählich auf, wenn man durch Zazen in Samadhi eintritt. Der Schwanz jedoch, der eine Metapher für Samadhi ist, kann nicht am Fenster vorübergehen, denn Samadhi geht niemals vorüber.

FALL 40:
DEN WASSERKRUG UMSTOSSEN

Hyakujo wollte ein neues Kloster gründen und suchte dafür einen Mönch, der es leiten sollte. So sagte er seinen Schülern, dass derjenige den Auftrag erhalten würde, der die von ihm gestellte Frage am besten beantworten könne. Er stellte einen Wasserkrug vor sie hin und fragte:
»Wer kann mir sagen, was das ist, ohne es beim Namen zu nennen?«
Der Älteste der Mönche sagte: »Man kann es nicht Holzsandale nennen.«
Da kam Isan, der Koch, stieß den Krug mit dem Fuß um und ging davon.
Hyakujo lächelte und sagte: »Der Älteste hat verloren.« Und Isan wurde Abt des neuen Klosters.

Die Wahrheit, die hier vom Wasserkrug symbolisiert wird, kann weder gesagt noch nicht gesagt, sie muss gezeigt werden. Isan, der seit zwanzig Jahren Hyakujos Schüler war, legte diese Lehre überzeugend dar.

FALL 41: BODHIDHARMA BRINGT DEN GEIST ZUR RUHE

Bodhidharma saß mit dem Gesicht zur Wand in Meditation. Der zukünftige zweite Patriarch stand im Schnee. Er schnitt seinen Arm ab, zeigte ihn Bodhidharma und jammerte: »Mein Geist hat keinen Frieden erlangt. Bitte, Meister, bringt meinen Geist zur Ruhe.« Dieser antwortete: »Bring den Geist her, dann werde ich ihn für dich beruhigen.« Der zweite Patriarch gab zurück: »Ich habe meinen Geist gesucht, konnte ihn aber nicht finden.« »Siehst du, dann habe ich ihn schon zur Ruhe gebracht«, sagte Bodhidharma.

Als Bodhidharma von Indien nach China kam, übte er neun Jahre lang seine zur Wand gekehrte Form der Meditation. Der spätere zweite Patriarch war Bodhidharmas erster Schüler namens Eka. Die Legende berichtet, dass Eka unbedingt von Bodhidharma Unterweisungen empfangen wollte; daher schnitt er seinen Arm ab, um die Aufmerksamkeit des Meisters zu erregen, der in Samadhi versunken war. Da versprach Bodhidharma, Ekas Geist zur Ruhe zu bringen, wenn er diesen zu ihm bringen würde. Doch wie kann man den Geist an einen bestimmten Ort bringen? Als Eka darüber nachdachte, wurde ihm klar, dass er seinen Geist nicht finden und herbringen konnte. Diese Erkenntnis bringt sofortigen Frieden, denn die Suche nach dem Geist ist frustrierend, bis wir entdecken, dass Suche und Ziel *ein* Pfad sind, der uns zur Leerheit führt.

FALL 46: VORWÄRTS VON DER SPITZE DES MASTES

Sekiso Osho fragte: »Wie kann man von der Spitze eines hundert Fuß hohen Mastes vorwärts gehen?« Einer der alten Lehrer meinte: »Selbst wenn du auf der Spitze eines hundert Fuß hohen Mastes sitzen kannst, bist du noch nicht völlig frei, auch wenn du sicherlich den Weg betreten hast. Geh von der Spitze des Mastes aus vorwärts und zeig deinen Körper in allen zehn Himmelsrichtungen.«

Sekiso Soen (986–1039) wird hier Sekiso Osho genannt. Osho ist die ehrenvolle Bezeichnung für einen Zen-Priester. Auf der Spitze eines hundert Fuß hohen Mastes zu sitzen bedeutet, dass Sekiso bereits einen hohen Grad an Verwirklichung erlangt hat, aber von dort aus nicht weiterkam. In der Meditationspraxis kommen wir mitunter an einen Punkt, der uns wie der Rand eines Abgrunds scheint, aus welchem uns der Tod anblickt. Dies ist ein entscheidender Moment, in dem der Schüler manchmal mit Panik reagiert. Der ältere Meister zeigt Sekiso, dass er zwar ein hohes Niveau erreicht hat, dass dieses aber immer noch messbar begrenzt und nicht frei von Anhaftung ist. Doch der Meister möchte, dass Sekiso auch die Anhaftung an Buddhaschaft und Samadhi aufgibt. Wenn er vom Mast aus weitergeht, lässt er alle Anhaftung hinter sich. »Seinen Körper in allen zehn Himmelsrichtungen zeigen« steht für Freiheit.

DIE NIEDERSCHRIFT VOM BLAUEN FELS

Rauch über dem Berg zeigt Feuer an; Hörner hinter dem Zaun und man begreift: »Ein Ochse!« Hat man eine Ecke, erkennt man auch die anderen drei. Ein Blick und der kleinste Unterschied wird deutlich. Diese Schnelligkeit im Begreifen ist unter den Zen-Mönchen recht verbreitet. Aber erst wenn du die täuschenden Aktivitäten des Bewusstseins beendet hast, erfreust du dich vollkommener Freiheit, egal in welcher Situation, ob du nun reich bist oder arm, gibst oder nimmst. Nun sag mir, wie wird solch ein Mensch sich verhalten? Darum geht es in Setchos Erklärungen.

FALL 3:
BASOS »BUDDHA MIT DEM SONNENGESICHT, BUDDHA MIT DEM MONDGESICHT«

Der große Meister Baso war ernsthaft erkrankt. Der Mönchsvorsteher des Tempels kam zu ihm, um ihm einen Besuch abzustatten. Er fragte: »Nun, wie fühlt Ihr Euch heute?« Da antwortete Baso: »Buddha mit dem Sonnengesicht, Buddha mit dem Mondgesicht.«

Baso (709–788) war ein großer Meister des Zen. Insgesamt 139 berühmte Zen-Lehrer gingen aus seiner Schule hervor. Sein Ausspruch vom Buddha mit dem Sonnengesicht und Buddha mit dem Mondgesicht wurde einer der berühmtesten Zen-Verse. Stellen Sie sich vor, wie vor Ihnen die Sonne im Meer versinkt. Jede Minute sinkt der Buddha mit dem goldenen Antlitz tiefer unter den Horizont, während auf der anderen Seite über den Bergen langsam der Mond aufgeht, den Kopf etwas schräg gelegt, wie zum Nachdenken. In Momenten wie diesem herrscht absolute Stille. Die strahlende Erhabenheit des Augenblicks versetzt uns in vollkommenes Samadhi.

諸國瀧廻り
和州吉野
義經馬洗滝

FALL 6: UMMONS »JEDER TAG IST EIN GUTER TAG«

Ummon wandte sich an die versammelten Mönche und sagte: »Ich frage euch nicht nach den Tagen vor dem Fünfzehnten des Monats, aber was ist mit denen nach dem Fünfzehnten? Sagt mir etwas über diese Tage.«
Dann gab er sich selbst die Antwort: »Jeder Tag ist ein guter Tag.«

Die Tage vor dem Fünfzehnten können vieles bedeuten: die Tage vor dem heutigen, vor unserer Geburt, vor der Erleuchtung. Ummon fragt nicht, was vor dem gegenwärtigen Augenblick war. Aber was ist mit denen nach dem Fünfzehnten? Das ist Ummons Art zu fragen, was genau zum gegenwärtigen Zeitpunkt mit dem Bewusstsein geschieht. Da niemand antwortete, gab er sich die Antwort selbst. Wenn man in Samadhi verweilt, ist jeder Tag ein guter Tag. Wir fragen nicht nach der Vergangenheit oder der Zukunft. Wir sind hier. Wir sind jetzt hier.

FALL 9: JOSHUS VIER TORE

Ein Mönch fragte Joshu: »Was ist Joshu?«
Dieser antwortete: »Das Osttor, das Westtor, das Nordtor, das Südtor.«

Meister Joshu kam aus einer Stadt, die ebenfalls Joshu hieß. Diese Stadt war von einer Stadtmauer mit vier Toren umgeben, eines in jeder Himmelsrichtung. Auch Meister Joshu hat vier Tore: die Hinwendung zum Zen-Buddhismus, die Übung in Zazen und Koans, die Erleuchtung im Alltag und das Erreichen des Nirwana. Joshu will damit sagen, dass jedermann durch diese vier Tore eintreten und um Unterweisung bitten kann. Solange ein Schüler nicht durch seine Übung gewisse Fortschritte gemacht hat, kann er nicht durch die Tore. Doch es ist nicht Joshu, der ihn daran hindert, sondern er selbst.

FALL 11:
OBAKUS TRESTERFRESSER

Obaku wandte sich an die versammelten Mönche und sagte: »Ihr seid alle Tresterfresser. Wenn ihr weiterhin auf diese Weise Zen übt, werdet ihr nie an ein Ende gelangen. Wisst ihr nicht, dass es im ganzen T'ang-Reich keine Zen-Lehrer gibt?«
Da trat ein Mönch hervor und sagte: »Aber es gibt doch Lehrer, die Schüler annehmen und den Mönchsgemeinschaften vorstehen? Was sagt ihr zu jenen?«
Obaku antwortete: »Ich habe nicht gesagt, dass es kein Zen gibt, nur keine Zen-Lehrer.«

Obaku (der 850 starb) war Nachfolger von Hyakujo, er begründete die Rinzai-Schule. »Tresterfresser« werden seitdem all jene genannt, die alte Zen-Meister imitieren, weil sie nur das essen, was die Braumeister übrig gelassen haben, und glauben, sie hätten den wahren Geschmack auf der Zunge. Dass es keinen Lehrer gibt, ist eine der wichtigsten Lektionen im Zen: Es kann nicht gelehrt werden. Wir können es nur durch eigene Erfahrung, Anstrengung und Schulung erlangen.

FALL 14: UMMONS »PREDIGT IM ANGESICHT DES UNGESCHIEDENEN«

Ein Mönch fragte Ummon: »Was ist Buddhas gesamte Lehre?« Ummon antwortete: »Eine Predigt im Angesicht des Ungeschiedenen.«

Zen-Meister geben ihre Belehrungen immer im Angesicht eines Buddhabildnisses. Doch die Bedeutung dieses Koans reicht noch weiter: Das Ungeschiedene ist die absolute Wahrheit. Im Angesicht des Ungeschiedenen zu predigen bedeutet, alles in seiner wahren Natur zu erkennen – sich selbst, die Welt, jedes Wesen, jedes Ding.

富士三十六景
信濃塩尻峠

DIE ÜBERLIEFERUNG DER MEISTER

Die Tatsache, dass Sie gerade in einem Buch lesen, scheint auf den ersten Blick nicht zu dem für das Zen typischen Zweifel am Wert des geschriebenen Wortes zu passen. Warum noch mehr Worte, wenn Begriffe die Erleuchtung doch nur verdecken wie die Ranken eines Klettergewächses, das sich um eine lebendige Pflanze schlingt? Doch der wahre Zen-Meister erkennt, dass auch das Schweigen verdunkeln kann. Was die Erleuchtung angeht, ist ein kurzer, aber aussagekräftiger Satz, der im Leser einen Funken anschlägt, weit mehr wert als Hunderte von Buchstaben oder nichts sagende Stille. In der Blütezeit des Zen war es meist ein Bruchstück dieser lebendigen Rede, die den Geist mit einem Licht erhellte, das weit durch die Jahrhunderte reichte: Aus diesem Grund sind die Geschichten über Zen-Meister damals wie heute von hohem Wert.

Am schnellsten zündet eine kurze, direkte Äußerung, die ebenso knapp sein kann wie eine Gedichtzeile. Tatsächlich bemerkte ein späterer Dichter einmal, dass viele Zen-Sprüche poetischen Charakter haben. Kein Wunder also, dass sich solche Äußerungen auch aus den frühen, noch mündlich überlieferten Reden der Meister bis heute erhalten haben.

Wie dies bei so vielen großen Geistern – auch in unseren Tagen – der Fall ist, erinnert man sich der Zen-Meister vergangener Zeiten häufig um ihrer spontanen Bemerkungen willen. In einer Zeit voller Unglück und Ungewissheit hinterließ die Unmittelbarkeit religiöser Einsicht zweifellos besonderen Eindruck. Denn obwohl das Treffen zwischen Yakusan und Rikoh (chinesisch Yao-shan und Li Ao), von dem am Ende dieses Teils die Rede ist, sich angeblich in ländlicher Stille zugetragen haben soll, dürfen wir nicht vergessen, dass das Land zu jener Zeit von Kriegsherren und Banditen unsicher gemacht wurde, während in den Städten Verbrecherbanden ihr Unwesen trieben. Vor diesem Hintergrund war der direkte Zugang zur Wahrheit besonders wertvoll.

Daher begann man zunehmend, die Aussprüche der Meister schriftlich festzuhalten. Diese Literatur war geprägt von umgangssprachlichen Ausdrücken, die in der hohen Literatur tabu waren. In diesen überlieferten Geschichten spiegelt sich die lebendige Präsenz der erleuchteten Lehrer wider. Ob Yakusan und Rikoh sich nun tatsächlich wie erzählt geäußert haben oder nicht, lässt sich nicht feststellen. Das feinsinnige Zusammenspiel der Charaktere und Dialoge jedoch lässt vermuten, dass die Geschichte in den Jahrhunderten der Überlieferung da und dort ein wenig aufpoliert wurde. Doch die Vorliebe des Zen für das Alltägliche und Umgangssprachliche ist darin deutlich fühlbar und hat auch spätere Meister wie Ta Hui beeinflusst,

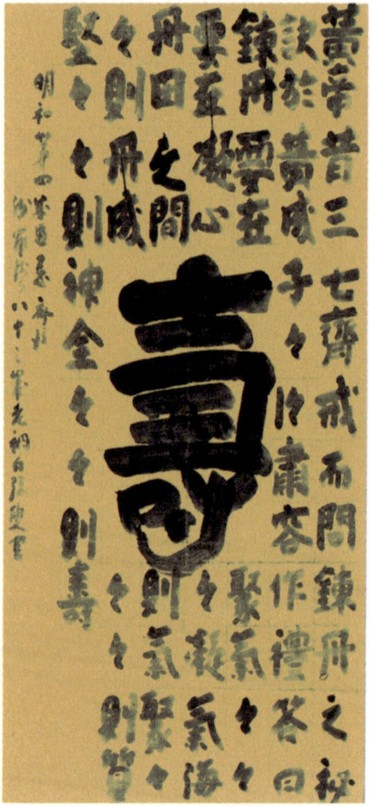

der seinen Schülern zwar Briefe schrieb, doch dabei immer versuchte, die Unmittelbarkeit des mündlichen Ausdrucks beizubehalten. Denn auch er lebte nicht in einer idealisierten, vernebelten Landschaft, sondern in einer Welt voller Sorgen und Schmerz wie jeder von uns. So geht es in vielen seiner Belehrungen um Tod und Verlust innerhalb seiner Gemeinde.

Einige dieser Aussprüche sind mehr als tausend Jahre alt, und doch wirken sie keineswegs veraltet oder nutzlos. Ganz im Gegenteil: Häufig erscheint unser modernes Denken im Vergleich dazu oberflächlich und banal. Selbst wenn diese Geschichten uns der Erleuchtung nicht näher bringen sollten, so können sie uns zumindest Demut vor den Männern und Frauen früherer Zeiten lehren. Was wir heute tun und sagen, wird in hundert oder tausend Jahren sicher vergessen sein, doch die so simpel wirkenden Worte der alten Meister haben die Zeit überdauert.

T. H. Barrett

EIN LEBENDIGER QUELL

Die Erleuchtung im Zen geht direkt auf den Buddha zurück. Die Legende berichtet, dass das, was später zum Zen werden sollte, in einem besonders behutsamen Moment entstand, als Buddha auf dem Geiergipfel vor seinen Schülern sprach. Er saß auf einem erhöhten Platz und blieb lange Zeit still. An diesem Tag wollte er seine Botschaft wohl nicht den Worten anvertrauen. Stattdessen hob er eine einzelne Lotosblüte hoch und zeigte sie den Versammelten. Seine Schüler waren verblüfft, weil sie nicht begriffen, was er sagen wollte, nur Mahakashyapa lächelte dem Buddha zu, um ihm zu zeigen, dass er verstanden hatte. Buddha sah ihn lächeln und sprach: »Ich habe hier einen kostbaren spirituellen Schatz, den ich dir übergebe, o ehrwürdiger Mahakashyapa.« Bodhidharma, der den Zen-Buddhismus nach China brachte, war ein direkter spiritueller Nachkomme Mahakashyapas.

Die meisten Zen-Schüler sehen in dieser Begebenheit den Ursprung des Zen, denn indem er die Blume erhob, enthüllte Buddha symbolisch den Geist der Buddhanatur. In dem, was Mahakashyapa erkannte, zeigte sich die Essenz des Zen. Er ließ die Stille des Meisters in sein innerstes Wesen vordringen, verstand deren tiefe Bedeutung und erfuhr Erleuchtung. Der Meister schweigt, der Schüler lächelt, der Geist zweier Menschen verschmilzt. Während der 2500 Jahre Zen-Geschichte war die Erleuchtung der Weg, auf dem die Botschaft von einer Generation von Mönchen zur nächsten weitergegeben wurde. Diese direkte Linie unmittelbarer Erfahrung ist wie eine Lampe, die zuerst vom Buddha angezündet wurde, um dann jahrtausendelang weitergereicht zu werden. So sind die Geschichten von den Meistern ein lebendiger Quell der Weisheit, der uns über die Zeitalter hinweg erreicht, einer Weisheit, die uns trotz ihrer Zeitlosigkeit auch heute noch ins Mark trifft.

Geschichten von Zen-Meistern werden manchmal auch »Sutren« genannt. Dieser Begriff bezeichnete ursprünglich eigentlich nur die Lehrreden Buddhas, wurde später jedoch auch auf die berühmt gewordenen Aussprüche und Ge-

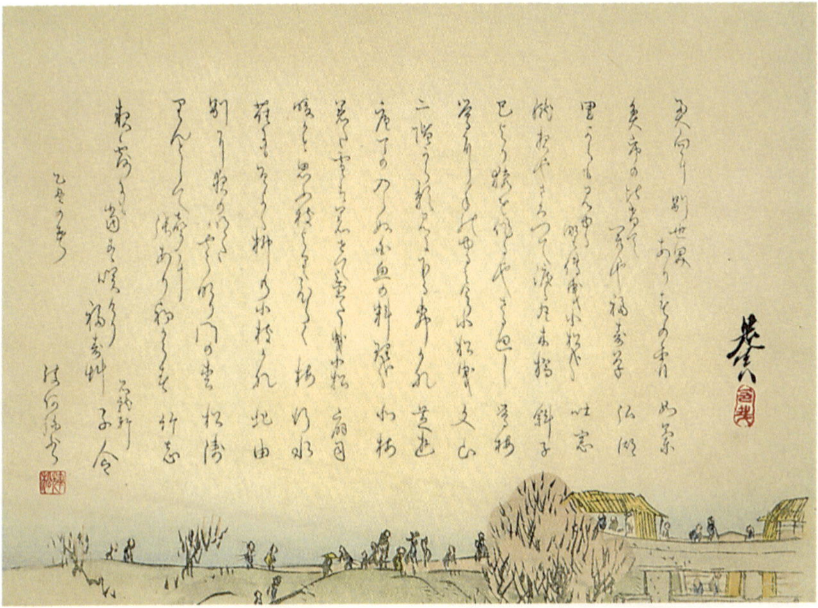

schichten von Zen-Meistern angewandt. Diese Sutren übermitteln ein lebendiges Bild von der ausgedehnten, vielschichtigen, vernetzten Wirklichkeit, die ein Erleuchteter erlebt. So erfahren wir den ganzen Facettenreichtum der Form, in der Erleuchtung gelehrt und erlangt werden kann. Die Geschichten von die-

sen Visionären überwinden die Barrieren von Raum, Zeit, Selbst und dergleichen mehr. Sie sind vielleicht die einzig wirkliche Chronik des Zen, aus der über Generationen hinweg die erleuchteten Meister zu uns sprechen. Daher sind sie eine unschätzbare Fundgrube zeitloser Weisheit, ein wahres Juwel innerhalb der Zen-Literatur. Anders als die schwierigen Koans oder die kontemplativen Haikus sind die Geschichten der Meister unmittelbar aus dem Leben gegriffen. Sie berichten von Fakten und Ereignissen aus dem Erfahrungsschatz wirklicher Mönche und Nonnen. Sie sind ebenso außergewöhnlich wie gewöhnlich, weil sie die Erleuchtung in einem praktischen Umfeld erlebbar machen. Beim Lesen dieser Geschichten wird klar, dass die Praktizierenden früherer Zeiten sich keineswegs der Weltflucht hingaben, sondern nach jener Einsicht strebten, die sie gegen weltliche Verwicklungen immun machte, während sie andererseits voller Mitgefühl versuchten, andere ebenfalls zur Erleuchtung zu führen.
Die in diesem Buch versammelten Geschichten, Parabeln, Sutren und Sprüche strömen klar wie ein Gebirgsbach aus der Vergangenheit in die Gegenwart, um unseren spirituellen Durst zu stillen und unseren Geist zu klären. Was Buddhas Lehren zur damaligen Zeit so einzigartig machte, war seine Betonung der persönlichen Erfahrung. In seinen Lehrreden forderte er die Menschen immer wieder auf, »selbst zu sehen« und sich nicht auf die Schriften oder den Glauben zu verlassen. Daraus entwickelte das Zen seine ganz eigene Methodik: maßge-

schneiderte Techniken zur Herbeiführung einer direkten Erfahrung der eigenen Natur – Satori (jap. für »Erleuchtung«).

Köstlich, fordernd, verwirrend, das Denken lähmend, haarsträubend und oftmals skandalös eignet dem Zen heute noch dieselbe faszinierende, erweckende Erfahrung wie damals, als Buddha unter dem Bodhibaum Erleuchtung erlangte. Zen hat lange Zeit die Kultur Südostasiens geprägt. Heute schenkt es Millionen Menschen Einsicht und Erkenntnis, und zwar nicht nur in Japan und Korea, sondern zunehmend auch im Westen, der in der Unmittelbarkeit und Einfachheit des Zen sein Heil sucht. Im Wesentlichen ist Zen ein diamantharter Weg tiefer Religiosität, der die Jahrhunderte überdauert hat und überall dort, wo er sich verwurzelt, seine duftenden Blütenblätter hinterlässt.

GEDANKEN EINES ZEN-MEISTERS

Über das Nichtdenken

Ein alter Meister pflegte zu sagen: »Wenn du deinen Ochsen suchst, musst du nach seinen Spuren Ausschau halten. Wenn du den Pfad suchst, strebe nach Nichtdenken. Wo dessen Spuren sind, ist auch der Ochse.« Der Pfad des Nichtdenkens ist leicht zu finden. Nichtdenken heißt nicht, träge und unwissend zu sein wie Erde, Holz, Ziegel oder Stein. Es bedeutet, dass der Geist so gefasst und unerschütterlich ist, dass er in den Situationen des Lebens an nichts haftet, sondern durch und durch klar bleibt, ohne Hindernisse. Es heißt, dass der Geist sich nicht verdunkeln lässt, obwohl er nicht an seiner Helligkeit hängt, dass er Körper und Verstand als Illusion oder Traum betrachtet, ohne sich an deren innere Leere zu klammern. Erst wenn man diesen Zustand erreicht, kann man ihn wirklich als »Nichtdenken« bezeichnen.

»Dring zur Wurzel vor. Kümmere dich nicht um die Zweige.«

Den Geist zu leeren ist die Wurzel. Sobald du zur Wurzel durchgedrungen bist, zur Grundlage von allem, sind alle Begriffe, alles Wissen, all dein tägliches Tun – wie du auf Menschen und Umstände reagierst, Höhen und Tiefen erlebst, Freude und Zorn, Gutes und Schlechtes, Angenehmes und Unangenehmes – nur noch banal. Das sind die Zweige. Wenn du spontanes Gewahrsein erfährst und voll bewusst erlebst, was dir widerfährt, dann gibt es nichts Überzähliges und keinen Mangel.

TA HUI IN EINEM BRIEF AN HUNG PO CH'ENG

Den Ochsen hüten

Wenn du dich auf den Pfad begibst, darfst du keine überflüssigen Gedanken mehr hegen, ob du nun mit Menschen oder Ereignissen zu tun hast. Wenn du die überflüssigen Gedanken nicht durchschaust, dann solltest du, sobald ein solcher Gedanke aufkommt, deine Energie darauf verwenden, den Geist von ihm abzuziehen. Wenn du aber pausenlos diesen überflüssigen Gedanken nachläufst, ist dies zum einen hinderlich auf dem Pfad, zum anderen erscheinst du als Mann ohne Weisheit.

In früheren Zeiten fragte Kuei Shan den Faulen An: »Was tust du während der 24 *Stunden des Tages?«*

An antwortete: »Ich hüte einen Ochsen.«

Kuei Shan hakte nach: »Wie hütest du ihn?«

An meinte: »Wenn er zum Gras rennt, ziehe ich ihn an seinem Nasenring zurück.«

Da sagte Kuei Shan: »Du hütest ihn wahrhaft gut.«

Menschen, die den Pfad studieren, sollten ihre Gedanken hüten wie der Faule An seinen Ochsen. Dann wird sich langsam ganz von allein eine heilsame Reife einstellen.

Ta Hui

Die Ausweglosigkeit

Wann immer du in all dem Durcheinander keinen Ausweg mehr findest, fängst du an, dich zu erforschen, statt deine Mühe aufs Meditieren zu verwenden. Dabei ist die Ausweglosigkeit an sich schon Meditation. Erforschst du dich dann weiter, entfernst du dich noch mehr vom Eigentlichen.

Wenn du also auf die Ausweglosigkeit triffst, lass deinen Geist ruhen und versuche nicht, dich zu erforschen. Ein Patriarch sagte: »Wenn keine Unterscheidung auftritt, scheint das Licht der Erleuchtung von selbst. Erst wenn du wirklich keinen Ausweg mehr weißt, wirst du den Sack (der Illusionen) los. Und unversehens wirst du dann in die Hände klatschen und laut lachen.«

Ta Hui

Unterscheidendes Bewusstsein und Weisheit

Spekulieren und Pläne machen, Geburt und Tod erleiden, Angst haben, Aufregung empfinden – all dies sind die Zustände des unterscheidenden Bewusstseins. Doch die Menschen, die heute den Pfad studieren, erkennen das Krankhafte daran nicht. Sie tauchen darin auf und gehen darin unter. In den Lehren nennt man dies »Handeln unter dem Einfluss des unterscheidenden Bewusstseins« statt auf der Grundlage von Weisheit.

So wird das elementare Fundament verhüllt, das ursprüngliche Antlitz. Doch wenn du all dies aufgeben kannst, sodass du weder denkst noch planst, dann werden die Zustände des unterscheidenden Bewusstseins zur subtilen Erkenntnis der Leerheit – es gibt keine andere Weisheit, die erlangt werden könnte …

Diese subtile Weisheit der wahren Leerheit geht einher mit der großen Leere: Die Leere wird nicht von den Dingen verhüllt, noch hindert sie das Entstehen und Vergehen aller Dinge in ihr.

TA HUI

GESCHICHTEN VON HAUSVATER P'ANG

P'ang Yün wurde 740 in China geboren, wo er 808 starb. Obwohl er ein einfacher und armer Mann war, erfuhr er als eifriger Schüler des Ch'an (chinesisch für Zen) Erleuchtung. Seine zeitlose Weisheit zeigt uns, dass Zen keine klösterliche Disziplin ist, von einigen Mönchen in abgeschiedenen Abteien weitab von den Mühen des Alltags geübt. Zen ist Heiterkeit und Gelassenheit in jedem Augenblick, eine offene Tür für jedermann. Hausvater P'ang – so der Name, unter dem er bekannt wurde – ist bei den Chinesen sehr beliebt. Selbst heute noch gehören die Geschichten von ihm zum Kanon vieler Zen-Schulen.

Hausvater P'ang besuchte den großen Meister Shih-t'ou, um etwas über Ch'an zu lernen. Eines Tages sagte Shih-t'ou zu ihm: »Was hast du getan, seit du hierher gekommen bist?«

»Wenn du mich fragst, was ich getan habe, kann ich nicht viel sagen«, antwortete P'ang.

»Ich weiß das. Deshalb habe ich dich ja gefragt«, gab Shih-t'ou zurück.

Daraufhin ersann P'ang diesen Vers:

Mein tägliches Treiben ist nicht weiter ungewöhnlich.
In natürlicher Harmonie mit meinem täglichen Tun
halte ich nichts fest und weise nichts zurück.
Nirgendwo ein Hindernis, nirgendwo Konflikt.
Wer sagt, dass Karmin und Purpur die Farben der Ehre sind?
In den Bergen ist nicht ein Staubkorn zu finden.

名勝八景
江嶋晴嵐

Meine übernatürlichen Kräfte und wundersamen Fähigkeiten:
Wasser holen und Holz tragen.

Shih-t'ou nickte zustimmend. Dann fragte er: »Wirst du schwarze Mönchsroben anlegen oder weiterhin das weiße Gewand des Laien tragen?«

»Ich möchte tun, was mir beliebt«, antwortete P'ang.

Also scherte er sein Haupt nicht und färbte auch seine Kleider nicht.

Als Hausvater P'ang und Sung-shan eines Tages zusammen spazieren gingen, sahen sie eine Gruppe von Mönchen, die essbare Blätter sammelten.

»Die gelben wirft man weg, die grünen hebt man auf«, meinte Sung-shan.

»Und wenn man gar nicht erst zwischen Gelb und Grün unterschiede?«, fragte P'ang.

»Wie soll das gehen?«, sagte Sung-shan.

»Für uns beide ist es schwer, Gast und Gastgeber zu sein«, gab P'ang zurück.

»Und doch bist du hierher gekommen und versuchst, mich zu übertreffen«, meinte Sung-shan.

»Wer würde das nicht?«, antwortete P'ang.

»Wie wahr«, stimmte Sung-shan zu.

»Über das ›Nicht-Unterscheiden zwischen Gelb und Grün‹ zu sprechen ist wirklich schwierig«, sagte P'ang.

»Aber genau das hast du getan«, gab Sung-shan lachend zurück.

»Passt auf euch auf«, rief P'ang den sammelnden Mönchen zu.

»Die Mönche vergeben dir deine Einmischung«, meinte Sung-shan.

Daraufhin ging Hausvater P'ang seiner Wege.

Einst ruhte Hausvater P'ang auf seiner Liegestätte und las ein Sutra. Ein Mönch sah ihn und sagte: »Hausvater! Ihr müsst Würde bewahren, wenn Ihr ein Sutra lest.«

Daraufhin hob P'ang ein Bein.

Da war der Mönch sprachlos.

Wenn du weder Gier noch Zorn ablegen willst,
studierst du Buddhas Lehren vergeblich.
Du siehst das Rezept, nimmst aber die Medizin nicht –
Wie also willst du deine Krankheit loswerden?
Klammere dich nicht an die Leerheit, und die Leerheit ist Form;
Klammere dich an die Form, und die Form erweist sich als vergänglich.
Leerheit und Form sind nicht mein –
Aufrecht sitzend erblicke ich meine ursprüngliche Heimat.

ZEN-LEGENDEN

Nächtlicher Regen

Bevor er sich in die Berge zurückzog, reiste Zen-Meister Ranryo durch die Welt. Ohne Unterschied besuchte er den kaiserlichen Hof und das Land, Städte und Dörfer, Weinstuben und Bordelle. Als man ihn fragte, warum er dies tat, antwortete der Meister: »Mein Weg ist dort, wo ich mich gerade befinde. Da gibt es keine Lücke.«

Später zog Ranryo sich in die Berge zurück, wo er eine einfache Hütte errichtete und ein karges Leben führte, während er weiterhin Zen übte.
Da er nächtlichen Regen liebte, steckte er Räucherwerk an und saß bis in die frühen Morgenstunden wach, wenn es draußen regnete. Da man ihn in den Bergdörfern nicht kannte, nannte man ihn den »Nachtregenmönch«. Das gefiel ihm, und so machte er »Nächtlicher Regen« zu seinem Pseudonym.
Als ein Besucher ihn eines Tages fragte, was besser sei, Zen-Meditation oder die Anrufung des Buddha Amida nach der Reinen-Land-Lehre, antwortete Ranryo mit einem Gedicht:

> *Zen-Meditation und der Buddha-Name*
> *sind wie zwei Berge.*
> *In einer Welt finden sich*
> *höhere und niedrigere Fähigkeiten.*
> *Bei der Ankunft jedoch*
> *sieht jeder gleichermaßen den Mond über dem Gipfel.*
> *Schwer haben es nur jene, die keinerlei Glauben haben*
> *und beim Aufstieg leiden.*

Etwas aus nichts

Eines Tages kam Meister Zenko auf einer Reise an einem verfallenen Tempel vorüber und hatte den Einfall, diesen wieder aufzubauen. Da er jedoch kein Geld besaß, malte er ein paar große Schilder, auf denen stand: »Am Soundsovielten dieses Monats wird Zen-Meister Zenko sich selbst verbrennen. Jeder, der Geld für Feuerholz spendet, ist als Zuschauer willkommen.«

Dieses Schild stellte er da und dort auf. Schon bald war die Bevölkerung informiert, und die ersten Spenden trafen ein.

Am angekündigten Tag versammelten sich alle vor dem Tempel und warteten darauf, dass das Feuer entzündet wurde. Zenko saß auf einem Holzstapel und machte sich bereit. Den Zuschauern rief er zu, man möge das Holz in Brand setzen, sobald er das Signal dazu gebe. Damit versenkte er sich in tiefe Meditation. Mehr und mehr Zeit verging. Plötzlich sah der Meister zum Himmel hoch und nickte. Dann wandte er sich an die Menge: »Hört! In den Wolken sind Stimmen zu hören. Als ich mich selbst verbrennen wollte, sagten die Heiligen zu mir: ›Es ist noch zu früh. Du kannst diese verfaulte Welt noch nicht verlassen. Kümmere dich um sie und um die Rettung der lebenden Wesen.‹ Ich kann also heute mit der Verbrennung nicht fortfahren.«

Dann nahm er das Geld, das er gesammelt hatte, und baute den verfallenen Tempel wieder auf.

DIE ELFTE STUNDE

Chosha kam jedes Jahr zu besonders intensiven Meditationstagen mit Zen-Meister Hakuin. Doch Jahr für Jahr konnte er nicht den kleinsten Erfolg verbuchen.
Schließlich sagte Hakuin zu ihm am Ende seines Aufenthalts: »Du kommst jedes Jahr hierher, wie eine Ente, die ins kalte Wasser taucht. Vergeblich unternimmst du die lange Reise. Nie erreichst du auch nur die geringste Verwirklichung. Ich weiß gar nicht, wie viele Strohsandalen du über all die Jahre durchgelaufen hast, wenn du hierher gekommen bist. Ich habe keinen Platz für Müßiggänger wie dich. Du brauchst nicht mehr zu kommen.« Da sprach Chosha tief bewegt zu sich selbst: »Bin ich etwa kein Mann? Wenn ich dieses

Mal die Erleuchtung nicht erreiche, werde ich nicht mehr lebend nach Hause zurückkehren. Ich werde mich auf die Meditation konzentrieren, bis ich sterbe.« Er gab sich selbst eine letzte Frist von sieben Tagen und setzte sich in ein Fischernetz, das am Strand abgelegt war. Doch sogar nachdem er, ohne zu essen oder zu schlafen, sieben Tage lang in Meditation verharrt hatte, stellte sich das gewünschte Ergebnis nicht ein. Er konnte nichts weiter tun, als sich im Meer zu ertränken. Also schritt er ans Ufer und zog in der traditionellen Manier der Selbstmörder seine Sandalen aus. In diesem Moment, als der schimmernde Ozean sich mit den Strahlen der aufgehenden Sonne zu glänzendem Purpur verband, wurde er mit einem Mal vollkommen leer und erfuhr das große Erwachen.

AUSSPRÜCHE DER MEISTER

Yakusan hatte einige Zeit lang keine Belehrungen mehr gegeben, als eines Tages der Mönchsvorsteher hereinkam und sagte: »Die Mönche bitten euch, ihnen Unterweisung zu erteilen.« Yakusan sagte: »Läute die Glocke!« Der Mönchsvorsteher läutete die Glocke, doch als die Mönche sich versammelt hatten, ging Yakusan einfach zurück in seine Kammer. Der Mönchsvorsteher folgte ihm und meinte: »Ihr wolltet doch Unterweisungen erteilen. Die Mönche sind alle versammelt. Warum habt Ihr nichts gesagt?« Da antwortete Yakusan: »Es gibt Sutra-Priester, die die Sutren auslegen, und Shastra-Priester, die die Shastras erläutern. Warum fragst du mich, was ich tue?«

Yakusan (751–834) wurde im Alter von 17 Jahren Mönch. Er war der Nachfolger von Sekito und wurde ein großer Zen-Meister. Außerdem gründete er ein renommiertes Kloster und gehört zu den Lehrern, die in der *Niederschrift vom blauen Fels* erwähnt sind. Diese Geschichte zeigt, wie subtil seine Lehre war. Obwohl er zustimmte, Unterweisungen zu erteilen, sprach er nicht zu den Mönchen. Was gesagt werden sollte, kann nicht ausgedrückt werden. Die Wahrheit wird ohne Worte übermittelt. Yakusan hielt seine Mönche für reif genug zu verstehen, dass Sutra- und Shastra-Priester vielleicht die Lehren darlegen können, dass jedoch die höchste Wahrheit keine Frage der Worte ist.

Als Yakusan seine Schüler noch mit Worten unterrichtete, kam eines Tages Rikoh, der Herrscher von Ho-Shu und seines Zeichens ein treuer Anhänger des Konfuzius, zu ihm, weil er den Meister

sehr bewunderte. Yakusan las gerade eine Sutra, als einer der Mönche Rikoh hereinführte. Yakusan sah nicht auf, als der Herrscher hereinkam, so sehr war er in seine Lektüre versunken.
Nach wenigen Minuten hielt Rikoh, der sehr hitzköpfig war, die Stille nicht mehr aus. Er knurrte: »Es ist besser, Euren Namen zu hören, als Euer Gesicht zu sehen«, und erhob sich, um zu gehen.
Sofort antwortete Yakusan: »Warum respektiert Ihr das Ohr und verachtet das Auge?« Rikoh legte die Hände zusammen und verbeugte sich vor Yakusan. Dann fragte er: »Könnt Ihr mir sagen, was das Tao ist?« Yakusan zeigte zuerst gen Himmel, dann zur Erde und fragte: »Versteht Ihr?« Rikoh antwortete: »Ich verstehe nicht.« Mit einem Mal schrie Yakusan: »Wolken am Himmel, Wasser im Brunnen!«
Da kam Rikoh zur Einsicht und empfand große Freude. Zufrieden verneigte er sich vor Yakusan und schrieb dieses Gedicht:

冨嶽三十六景
凱風快晴

Erlangte Form. Sie sieht aus wie die Form eines Kranichs.
Unter den tausend Kiefern der Weg der zwei Extreme.
Ich komme und frage nach dem Tao: kein unnützes Wort.
Wolken am Himmel, Wasser im Brunnen.

Eines Tages sagte Tanka (Tennen) zu den Mönchen, die bei ihm waren: »Ihr solltet alle euer Wesentliches beschützen, das ihr nicht gemacht oder geformt habt. Wie kann ich euch also lehren, dies zu tun und jenes zu lassen? Als ich eines Tages Sekito Osho sah, sagte er mir, ich sollte es nur mit mir selbst beschützen. Über dieses ES kann man nicht sprechen. Ihr alle habt eine Zazen-Matte, was gibt es da noch zu bereden?
Ihr müsst eines begreifen: Es gibt nichts, was zum Buddha werden müsste. Hört auf, den Namen des Buddha nur zu hören. Ihr ganz allein müsst euch darum kümmern, dass die geschickten Mittel und die vier grenzenlosen Tugenden nicht von außen kommen. Tragt sie aber auch nicht im Geist spazieren.
Wem wollt ihr folgen? Lasst die Sutren beiseite.
Lasst die Leerheit hinter euch, ohne hineinzutappen.
Die heutigen Schüler suchen auf verwirrte Weise nach dem Tao.
Hier, an diesem Ort, könnt ihr nichts lernen. Hier gibt es keinen Dharma, der gezeigt werden könnte. Jeder Schluck, jeder Bissen hat seine eigene Wahrheit.
Hängt nicht Gedanken und Träumen nach. Alles ist überall präsent. Wenn ihr Gautama

Buddha erkennt, ist er ein alter Mann. Ihr alle müsst es selbst sehen und selbst begreifen. Lasst nicht zu, dass ein blinder Mann eine Schar von Blinden in die Feuerhöhle führt. Wenn ihr nachts würfelt, wie wollt ihr erkennen, was der Würfel anzeigt?«

Gyozan sagte zu Sekishitsu: »Sag mir, woran man glauben soll und worauf man sich verlassen kann!«
Sekishitsu streckte dreimal seine Hand gen Himmel. Darauf fragte Gyozan: »Was denkst du über das Lesen von Sutren?«
Sekishitsu sprach: »Alle Sutren sind vollkommen nutzlos. Etwas zu tun, was von anderen kommt, stärkt den Dualismus von Geist und Materie. Und wer im Denken an Subjekt und Objekt befangen ist, gibt der Vielfalt der Gedanken Raum. Doch dies ist nichts als blinde Weisheit, daher ist es noch nicht Tao. Wenn andere dir nichts geben, dann ist da nichts. Aus diesem Grund sagte Bodhidharma: ›Ursprünglich ist da nichts.‹ Wenn ein Baby aus dem Bauch der Mutter kommt, liest es da Sutren?
Zu diesem Zeitpunkt weiß das Baby gar nicht, ob es so etwas wie Buddhanatur gibt oder nicht. Wenn es jedoch größer wird

und allerlei Ansichten entwickelt, dann erscheint es vor der Welt und sagt: »Ich mache meine Sache gut. Ich bin klug und verständig.« Dabei weiß es nicht, dass das nur Unsinn und Illusion ist. Von den 16 Arten, auf die man etwas tun kann, ist die beste Art die eines Babys. Die Zeit der Babylaute wird verglichen mit der Weisheit des Suchenden, der das Unterscheiden aufgegeben hat. Daher wird der Geist eines Babys gepriesen. Doch wenn du nun diesen Vergleich nimmst und allen erzählst: ›Der Baby-Geist ist der Weg‹, kannst du dich darauf verlassen, dass deine Zeitgenossen dies falsch verstehen.«

Bildnachweis

HAIKUS

Seite 8–9: Kiefern in den vier Jahreszeiten, von Kano Tan Yu, © Daitokuji, Kioto

Seite 11,12: © British Museum, London

Seite 14–15: Blühende Pflanzen im Herbst, Wandschirm von Tawaraya Sosetsu, © Tokyo National Museum, Tokio

Seite 17: Bodhidharma, von Fugai, © Stephen Addis, University of Richmond, Virginia

Seite 19, 20, 22: © British Museum, London

Seite 24–25: Kirschblüte in Yoshinoyama, von Watanabe Shiko, © Privatsammlung

Seite 26–27: aus »52 Ansichten vom Tokaido«, von Utagawa Hiroshige, © Tokyo National Museum, Tokio

Seite 28, 29, 30–31: © British Museum, London

Seite 32–33: Blüten und Bäume in den vier Jahreszeiten, von Watanabe Shiko, © Sammlung Hatakeyama, Tokio

Seite 34–35, 36, 37, 38–39: © British Museum, London

Seite 40–41: Wachteln, Schilf und Borstenhirse mit Herbstblumen, von Tosa Mitsuoki, © Sammlung Fukuoka, Kanawa

Seite 42, 43: © British Museum, London

Seite 44–45: Mond mit Herbstblumen, von Sakai Hoitsu, © Asahi Optical Co., Tokio

Seite 46, 47: © British Museum, London

Seite 48–49: Kiefern im Schnee, von Maruyama Okyo, © Mitsui Bunko, Tokio
Seite 50–51: © British Museum, London
Seite 52–53: Wasserrad, Brücke und Weide im Mondlicht, anonym, © Kyoto National Museum, Kioto
Seite 54–55: © British Museum, London

KOANS

Seite 56–57: aus »Einhundert Ansichten vom Fujiyama«, von Hokusai, © Katsushika Museum of Art, Tokio
Seite 59: Bodhidharma, Begründer des Zen, von Hakuin, © Eisei Bunko Foundation, Tokio
Seite 60: Kalligraphie »Ichizoku sanseki wo yaburu« (Ein Pfeil durchschlägt drei Hindernisse), von Hakuin, © Eisei Bunko Foundation, Tokio
Seite 62–63, 64, 65, 66: © British Museum, London
Seite 67: Weißer Phoenix in einer alten Kiefer, von Ito Jakuchu, © Museum of the Imperial Collections, Kioto
Seite 68: © British Museum, London
Seite 70–71: Ausschnitt aus »Wahre Sicht auf den Mount Asama«, von Aodo Denzen, © Tokyo National Museum, Tokio
Seite 73: Wasserfall, © British Museum, London
Seite 74: Bambus, von Ryo Rikyo, © Privatsammlung
Seite 77: Ausschnitt aus »Pfauen mit Pflaumenblüten und Stockrosen«, von Ogata Korin, © Privatsammlung

Seite 78: Landschaft mit chinesischem Edelmann, von Tanai Buncho, © Tokyo National Museum, Tokio

Seite 81: Weide, von Ogata Korin, © Hosomi Minoru, Osaka

Seite 83: Chrysanthemen auf felsigem Flussufer, von Ito Jakuchu, © Museum of the Imperial Collections, Kioto

Seite 85: Ausschnitt aus »Wahre Sicht auf den Mount Asama«, von Aodo Denzen, © Tokyo National Museum, Tokio

Seite 86: Wasserfall, von Maruyama Okyo, © Manno Art Museum, Osaka

Seite 89: Goldfasane auf einem verschneiten Baum, von Ito Jakuchu, © Museum of the Imperial Collections, Kioto

Seite 90: Ausschnitt aus »Wahre Sicht auf den Mount Asama«, von Aodo Denzen, © Tokyo National Museum, Tokio

Seite 92–93: vergrößerter Ausschnitt aus »Wahre Sicht auf den Mount Asama«, von Aodo Denzen, © Tokyo National Museum, Tokio

Seite 95, 96, 99, 100, 103: © British Museum, London

DIE ÜBERLIEFERUNG DER MEISTER

Seite 104–105: vergrößerter Ausschnitt aus »Nachtregen in Karasaki«, von Utagawa Hiroshige, © Ota Memorial Museum, Tokio

Seite 106: Kalligraphie »Koku« (Zeit), von Hakuin, © Eisei Bunko Foundation, Tokio

Seite 107: Kalligraphie »Shibaraku fuzai shinin no gotoshi« (Lass deine Gedanken nur einen Augenblick wandern und du bist wie ein Toter), von Hakuin, © Eisei Bunko Foundation, Tokio

Bildnachweis

Seite 108: Kalligraphie »Langes Leben«, von Hakuin, © Eisei Bunko Foundation, Tokio

Seite 110–111: © British Museum, London

Seite 113: Wasserrad, Brücke und Weide im Mondlicht, anonym, © Kyoto National Museum, Kioto

Seite 114, 117: © British Museum, London

Seite 118–119: Ausschnitt aus »Wachteln, Schilf und Borstenhirse mit Herbstblumen«, von Tosa Mitsuoki, © Sammlung Fukuoka, Kanawa

Seite 120, 123, 124, 127: Landwirtschaft in den vier Jahreszeiten, von Kusumi Morikage, © Kyoto National Museum, Kioto

Seite 128–129, 131, 132, 135, 136–137: © British Museum, London

Seite 138: aus »52 Ansichten vom Tokaido«, von Utagawa Hiroshige, © Tokyo National Museum, Tokio

Seite 141: Ausschnitt aus »Einhundert Ansichten vom Fujiyama«, von Hokusai, © Katsushika Museum of Art, Tokio

Seite 142: Landschaft, von Tani Buncho, © Tokyo National Museum, Tokio

Seite 144–145: Ausschnitt aus »Kiefern in den vier Jahreszeiten«, von Kano Tan Yu, © Daitokuji, Kioto

Seite 147: Bodhidharma in Meditation versunken, von Hakuin, © Eisei Bunko Foundation, Tokio

Seite 148: © British Museum, London

Seite 150: Kalligraphie »Chu« (Die Mitte), von Hakuin, © Eisei Bunko Foundation, Tokio

QUELLENANGABEN

HAIKUS

Shigematsu, Soiku (Hrsg.), *Zen Haiku*, New York 1994

Yasuda, Kenneth, *The Japanese Haiku*, Tokio 1957

Stryk, Lucien; Takashi, Ikemoto (Hrsg.), *The Penguin Book of Zen Poetry*, London 1981

Lowitz, Leza; Aoyama, Miuki; Tomioka, Akemi (Hrsg.), *A Long Rainy Season*, Berkeley 1994

KOANS

Die Niederschrift vom blauen Fels – Hekiganroku, mit Kommentaren von Yamada Koun Roshi, München 2002

Die torlose Schranke – Mumonkan, mit Kommentaren von Yamada Koun Roshi, München 1989

DIE ÜBERLIEFERUNG DER MEISTER

Cleary, Christopher (Hrsg.), *Swampland Flowers – The Letters and Lectures of Zen Master Ta Hui*, New York 1977

Cleary, Thomas (Hrsg.), *Zen-Geschichten*, München 1997

Fuller-Sasaki, Ruth; Iriya, Yoshitaka; Fraser, Dana (Hrsg.), *A Man of Zen – The Recorded Sayings of Layman P'ang*, New York 1992

Buchtipps

Bayda, Ezra, *Zen sein – Zen leben*, München 2003
Hagen, Steve, *Buddhismus kurz und bündig*, München 2000
Hoffmann, Yoel, *Die Kunst des letzten Augenblicks, Todesgedichte japanischer Zenmeister*, Freiburg 2000
Osho, *Dogen*, Köln 1990 (in englischer Sprache)
Ders., *Kyozan*, Köln 1990 (in englischer Sprache)
Ders., *Hyakujo*, Köln 1989 (in englischer Sprache)
Ders., *Nansen*, Köln 1989 (in englischer Sprache)
Ders., *Rinzai*, Köln 1989 (in englischer Sprache)
Ders., *Yakusan*, Köln 1990 (in englischer Sprache)
Ders., *Wörterbuch der Erleuchtung*, München 2004
Ders., *Buddha Box*, München 2003
Reps, Paul (Hrsg.), *101 Zen-Geschichten*, Düsseldorf 2003
Shoshanna, Brenda, *Zen-Wunder*, München 2003
Ulenbrook, Jan, *Haiku – Japanische Dreizeiler*, München 1979
Wohlfahrt, Günter (Hrsg.), *Zen und Haiku*, Ditzingen 1979

Zen-Bücher bei Arkana

Jakusho Kwong

Kein Anfang, kein Ende

Die Essenz des Zen · Vorwort von Thich Nhat Hanh

Arkana Taschenbuch ISBN 3-442-21691-5

Ezra Bayda

Zen sein – Zen leben

Arkana Taschenbuch ISBN 3-442-21647-8

Ezra Bayda

Zen – Leben

Und täglich grüßt das Murmeltier

Arkana Taschenbuch ISBN 3-442-21694-X

Brenda Shoshanna

Zen-Wunder

Mit alltäglichen Übungen das torlose Tor durchschreiten

Arkana Taschenbuch ISBN 3-442-21627-3

Zen-Meister Thich Nhat Hanh bei Arkana

Thich Nhat Hanh
Ich pflanze ein Lächeln
Der Weg der Achtsamkeit · Mit einem Vorwort des Dalai Lama
Arkana Hardcover ISBN 3-442-30572-1

Thich Nhat Hanh
Ärger
Befreiung aus dem Teufelskreis destruktiver Emotionen
Arkana Hardcover ISBN 3-442-33651-1

Thich Nhat Hanh
Wahren Frieden schaffen
Arkana Hardcover ISBN 3-442-33718-6

Thich Nhat Hanh
Buddha und Christus heute
Verbindende Elemente von Buddhismus und Christentum
Arkana Taschenbuch ISBN 3-442-21523-4

Thich Nhat Hanh
Das Glück, einen Baum zu umarmen
Geschichten von der Kunst des achtsamen Lebens
Arkana Taschenbuch ISBN 3-442-13233-9

50p 12/10

HUNGARIAN COOKERY-BOOK

140 Hungarian Specialities

by

KÁROLY GUNDEL

Tenth, revised edition

Corvina Kiadó

Contributors:

Károly Márk
János Rákóczy
Elek Rehberger
Ferenc Gundel

Cover design by István Bányai
Photographs by Károly Szelényi

Printed in Hungary, 1980
Dürer Printing House, Békéscsaba
CO 1832-h-8084

ISBN 963 13 0949 5

CONTENTS

HUNGARIAN COOKING

The flavours and ingredients of Hungarian cuisine, which were previously almost unknown, have in recent years gained a steadily growing reputation. This, I think, is the reason why an increasing number of foreign guests, as well as my colleagues abroad, chefs and restaurant proprietors, have asked me for the recipes of some Hungarian specialities. It was in answer to these requests that I decided to publish this little book.

I do not claim to offer a full and complete picture of Hungarian cuisine. All I can hope to do is describc the preparation of a few characteristic Hungarian dishes, and I beg the reader's indulgence for smuggling in a few of my own special creations.

As we know, one of the most important factors in cooking is the freshness of the ingredients. This idea of freshness is a relative one, for it is impossible to tell the difference between the fresh and the freshest, unless we have eaten newly picked wild strawberries in a sunny glade, tasted the flavour of ripe, sun-kissed, luscious apricots straight from the tree, enjoyed radishes freshly pulled from the soil, and asparagus, green peas, beans, or corn on the cob that have gone straight from the garden into the pot.

The gift of being able to distinguish and enjoy the finer differences in the taste of things is not bestowed on everybody, but the majority of people who enjoy their food, subconsciously appreciate superior quality. They do not go into the whys and wherefores but are content to praise the food and the pleasures of the table in general.

It would need very complicated scientific research to find out precisely just what is lost, especially in fruit and vegetables, between the moment of dispatch from fields and orchards and that of their consumption in homes or restaurants. Being of an unscientific mind, I cannot tell whether the loss of vitamins, volatile oils and aroma, or other physical or chemical processes and changes are the cause of that indescribable difference in quality by which, in an almost imperceptible way, the "perfect" deteriorates into the bad, the uneatable.

But how can we define what is good and what is bad? If the "beautiful" is what pleases, the "good" is what we enjoy. But what if one man's meat is another man's poison? For example we must not forget that "high" game, which I consider delicious, is nauseating to some people, and the over-ripe medlar, which is my favourite dessert, is considered rotten and unpalatable.

These two examples are extremes, but between the extremes there is a scale of flavours and aromas with countless subtle variations. And these impalpable differences, when taking the cuisine as a whole, are what creates that impression of good, better and best, which affords complete satisfaction, and awakens the subconscious recognition of what is "good", namely enjoyment and admiration. Now perhaps it will not seem strange if I suddenly return to the starting point of my theme and confess that the special impression produced on foreigners by the Hungarian cuisine is largely due to the freshness of the ingredients making up the dishes. Another important factor contributing to the excellence of Hungarian cooking is the partiality of Hungarians for the good things of the table and—what goes with it—a natural gift for cooking.

Then again, mere chance alone does not account for the fact that culinary art always rises to the heights of perfection in places where the soil produces an abundant variety of raw materials for the kitchen. This circumstance has been largely responsible for the Hungarians' love of good food and their aptitude for cooking it.

What we call Hungarian cuisine today is a long way removed from the type of cooking our ancestors brought with them over the Carpathian passes more than a thousand years ago. There is even a noticeable difference from the Hungarian cooking practiced only one or two centuries ago. By that I don't mean it has nothing to do with its past. On the contrary, modern Hungarian cooking bears unmistakable traces of the most remote periods of our history.

Before and during the period of the Great Migration of the peoples, the ancient Magyars lived as nomadic tribes. Although we have no written records of those times, it is more than likely that they used to prepare some sort of food that could easily and quickly be cooked and preserved during their long wanderings. One of these dishes still exists in our modern cuisine, under the name of *tarhonya.* It can either be made at home or bought in shops. The herdsmen of the Great Hungarian Plain still make it themselves, dry it in the sun and eat it after having boiled it in water. It is also known in the Caucasus, Mongolia, Persia and the Balkans under very similar names *(tarhana, tarkhane).*

Tarhonya is kneaded dough made of flour and eggs and broken up into tiny balls about the size of a small pea. It is then dried quite hard and in this state will keep indefinitely. After being browned in lard with minced onions and paprika, it is allowed to simmer in as much boiling water as it will absorb, and is then served with paprika as a garnish for meats cooked à la hongroise. The herdsmen still dry meat in the sun today. The meat is beaten thin and cut into strips. It is then kept for quite a long time together with the *tarhonya* and cooked with it.

Our nomadic ancestors have also handed down kitchen utensils, one of which is still with us after more than a thousand years. It is the *bogrács,* still used in the country today. This is a copper cauldron with a rounded bottom and handle so that it can be hung over an open fire. The *bogrács's* peculiar shape, unknown elsewhere, gives one to suppose that it also was part of the equipment of the ancient Hungarians.

There can be no doubt either that during the years of migration the Hungarians cooked a dish something like *gulyás* in this copper vessel. The fact that they continued to use it after the conquest of present-day Hungary is proved by the numerous *bogrács*es to be found even now among the kitchen utensils of herdsmen, shepherds and fishermen.

Another dish in fashion nowadays reminds us of those ancient times. It is called *fatányéros* and is similar to what in English and American restaurants goes by the name of Mixed Grill; only in Hungary it is served on a wooden platter. Originally the platter, which today is a wooden plate made with a drain to catch the gravy, was a round piece of wood sawn off the trunk of a fallen tree, on which meat, that had been grilled on a spit over an open fire, was placed. Other names that are tinged with the romance of bygone days are *zsiványpecsenye* (bandit's roast), *rablóhús* (robber's meat) and *cigánypecsenye* (gypsies' roast).

Many and varied factors contributed to the evolution of our national cuisine to its present state. When the first Hungarian dynasty, the House of Árpád, died out, different foreign dynasties succeeded each other on the Hungarian throne. Kings often chose their wives from countries outside Hungary. The wife of Matthias Corvinus (1458–1490) for example, was Beatrice of Naples, the daughter of Ferdinand of Aragon. His successor Vladislas II married a French princess. Thus it was only natural that the royal cuisine reflected these foreign influences, which also spread to the homes of the gentry and the peasantry. But even stronger was the effect of the Turkish conquest in the 16th and 17th centuries.

However, during the period of the Turkish conquest, cooking in Transylvania managed to retain the national characteristics in an unadulterated form. The courts of the Transylvanian Princes and magnates remained almost entirely unaffected by foreign influences. An interesting book of recipes used in Transylvania in the 14th and 15th centuries has come down to us. It was written by the chef at the court of a Prince of Transylvania. But even more interesting are the notes contained in Baron Peter Apor de Altorja's work, *Metamorphosis Transylvaniae,* in which he describes Transylvania at the close of the 17th and the opening of the 18th centuries. He devotes much space to the table, to meats and drinks, and to banquets.

In other parts of the country, however, along with the Turkish influence which made itself felt during the years of bondage, the influence of Vienna, and, through Vienna, of France, affected the cuisine of the nobility.

The court in Vienna and the Hungarian, Polish and Czech aristocracy living in the Austrian capital, took more and more to French cooking. At the time of Maria Theresa and Joseph II, the cuisine of the court in Vienna was practically all French in character, and local colouring disappeared almost entirely. This is best shown by a cookery-book published in 1817 in Vienna by F. G. Zenker, *chef de cuisine* to Prince Schwarzenberg. The recipes and technical terms employed are purely French. And it is not only in the cookery-books of the aristocracy in Vienna, but also in those of the middle classes, and thence in Hungarian cookery-books, that we find expressions like *consommé, estouffade, braisé, fricassé* and *ragout*. The methods of preparation are *à la,* while the *braising* and *sautéing* are done in *casseroles, plafondes, sauteuses,* and things are kept in *bain-maries.*

This process, call it progress if you like, reached its peak in the latter half of the past century. It was in that period that restaurant cooking made great strides forward in Hungary, and its development was considerably influenced by the leanings of the court towards French cooking, and the example set by French cooks in the employment of aristocratic families.

As a result of all these influences, Hungarian cooking became lighter without losing its originality. It gained additional variety through the use of paprika as a condiment, and it adapted itself to the more refined taste of other lands, thus becoming famous throughout the world.

To return to modern Hungarian cookery, I must first of all point out that its most characteristic features are the abundant use of lard, onions and paprika, and that sour cream (replaced today in many restaurants by thick cream) is a favourite ingredient.

What I am going to say about paprika will, I am sure, come as a great surprise and disappointment to a lot of people. I must confess that this condiment, which is recognized far and wide as the Hungarian national spice, was not generally known, or used in Hungary till a century ago. In the Hungarian cookery-books of the first half of the 19th century we find scarcely any mention of paprika, to say nothing of the fact that it was completely unknown in books dating from the 18th century.

Paprika plants *(Capsicum annuum)* were brought to Euope between the end of the 15th and the beginning of the 16th century both from the West and the East.

Columbus introduced paprika into Spain from America. At about the same time the Turks overran Hungary after the defeat of the Hungarians at Mohács (1526) and during their rule, which lasted a hundred and fifty years, the Turks planted the oriental paprika imported from Persia for use in their own kitchens. This theory concerning the introduction of paprika into Europe is supported by the fact that Spanish pepper (pimiento) today is identical with the variety grown in South and Central America (fleshy, mild, with large pods but little aroma) whereas the type found in Hungary and the Balkans corresponds with the variety found in India (smaller pods, sharp taste and a distinctive aroma).

Today, however, paprika is undoubtedly the most characteristic condiment of Hungarian cookery. Though its vivid colour reminds us of fire, good paprika is not so hot and dangerous as all that. There are different qualities and tastes of paprika and the kind used in better-class kitchens—the sort known in commerce as "sweet paprika" or "rose paprika"—is a bright red, sweetish, mildly piquant variety with a special flavour no hotter than the ordinary black pepper or white pepper, and much milder than the spices in common use in English and American kitchens, such as cayenne pepper, curry and so on. Unless we are troubled with indigestion or are ordered to keep a strict diet, we need not be afraid of the brightly coloured dishes of Hungarian cuisine.

The finer sorts, as their name implies, contain a small percentage of sugar. For this reason care must be taken not to over-cook them in boiling fat or the sugar content will turn into caramel and both the colour and the flavour of the dishes will be spoiled.

Outside Hungary it has become usual to label all the dishes seasoned with paprika by the name of *gulyás* (goulash). But by *gulyás* foreigners usually understand something vastly different from what we mean by it, and, without wishing to offend my colleagues abroad, I feel obliged to state that with few exceptions they ruin this excellent dish. On our menu cards there are four different dishes made with paprika: *gulyás, pörkölt, tokány* and *paprikás*. It is well worth pointing out that these names were not adopted from popular usage but were rather the result of a gentleman's agreement among restaurateurs to give uniform names to the different ways of preparation. It may happen therefore that these names do not always exactly coincide with the corresponding dishes in the different regions of the country.

Gulyás is something like a soup or a kind of meat stew. It is made with onions and paprika, and potatoes cut up into cubes, as well as dough nipped off in little bits between the forefinger and thumb, and boiled in it.

Pörkölt is also a stew in which finely chopped onions have a much greater importance than they do in *gulyás*. It is braised rather than boiled and has a thickened sauce.

Tokány is somewhat similar. The meat is cut into small, oblong flat chunks and less paprika and onions are needed. One can even do without paprika and use pepper instead. As further ingredients, mushrooms, sour cream, green peas and other vegetables are also used.

Paprikás in restaurant terminology includes all the dishes flavoured with paprika, and accompanied by a sauce made with sour cream (in finer cookery, especially in dishes made of fish and chicken, fresh cream is used). This way of cooking is used more or less exclusively for white meat—fish, veal, lamb and chicken. Red meat—beef, mutton, game and the meat of fatter animals—pork, suckling-pig, goose and duck, however, are not used for *paprikás*. These meats are more likely to be used for *pörkölt* or *tokány*. *Gulyás* is nearly always made with beef and seldom with mutton or pork.

Székelygulyás cannot be squeezed into any of these categories. It is a stew made with pork alone, or with several different sorts of meat, and contains sour cream, paprika and sauerkraut.

Turning to fish I must say that *fogas* is the finest of our specimens and belongs to the *Luciperca sandra* i.e. the pike-perch family. It can be found only in Lake Balaton, the Danube and its tributaries. The Balaton *fogas* is of a silvery blue colour and its flesh is more tender than the Danube variety which is silvery grey. The reason for this is that life is easier in the calm waters of a lake than in the swiftly flowing Danube, where the fish have to swim against strong currents. A fully grown Balaton *fogas* weighs from sixteen to twenty and sometimes even twenty-four pounds. The young ones weigh from half a pound to two pounds and are called *fogas-süllő* or simply *süllő*.

Another famous kind of fish found in Hungary is the *kecsege* (sterlet). It belongs to the genus of cartilaginous fish and is related to the sturgeon which provides that delicacy of delicacies, caviar. When fully grown it may weigh anything from ten to twelve pounds and it is very tasty either hot or cold. Many prize it highly because it does not have any bones. Its home is the Danube and its tributary, the Tisza.

I ought to explain what I have often called sour cream in my recipes. Sour cream is what rises to the top of curdled milk. As I have already pointed out, sour cream is often replaced in certain cuisines by fresh cream.

In many of my recipes green pepper and fresh tomatoes have been recommended. I know that they are not always available but they are not indispensable and instead of fresh tomatoes for example, tomato purée, which can be obtained all over the world, may be used. If the Hungarian brand is available, the flavour and quality are sure to be first-rate. Instead of fresh green peppers, which even in Hungary are available only in summer and autumn, tinned ones may be used, or the Hungarian dishes may easily be made without this condiment if one has *lecsó*. *Lecsó* (a vegetable dish of South Slavonic origin) consists of tomatoes and green peppers cooked with, or without, a little lard. Tinned, it is a great help in making Hungarian dishes in seasons when fresh vegetables are not available. Speaking of preserves brings to my mind the special qualities of Hungarian preserved vegetables and fruits. Fruits in particular are excellent, both in colour and flavour. The apricots from the Great Hungarian Plain—especially from the district of Kecskemét—well deserve to be called the pineapples of Europe. Eaten raw or made into fruit salad, or jam, they have an exquisite flavour, and the brandy distilled from them, *barackpálinka* (apricot brandy), is a delightful memory for many foreign visitors who have been to Hungary. Of the preserved fruit salads, stewed melon and peach rank first, but the others (plums, cherries, pears) are no less delicious and refreshing.

Various kinds of Hungarian meat dishes, such as *gulyás, pörkölt, székelygulyás* and *halászlé* are available in tins. I merely mention this in passing, for out of loyalty to my own trade I cannot approve of tinned foods, indeed I strongly object to them. I never had anything to do with the canning industry either. But, alas, allowances must be made for the increasing tempo of modern life, the rushing and bustling which leaves housewives with less and less time for cooking and makes them more and more dependent on tinned foods, especially for picnics and week-ends.

Now to the recipes. It is very difficult to be precise in giving exact directions. Take salt for instance. Think of the difference in the taste of bay salt and rock salt: even the salt mined in different places differs in quality and iodine content. The same is true, to an even greater degree, of paprika and the other condiments.

For this reason the recipes, however carefully they have been compiled, must not be accepted as hard and fast rules. I confess to my own limitations. No painter can describe the exact blend of colours he uses to produce a certain shade; no poet can express adequately in words what makes a perfume enchanting; and no cook can give perfect, infallible directions about the method of achieving a certain flavour.

Therefore, kind readers, who, with the help of this book, desire to give pleasure to others by preparing and offering them Hungarian dishes, do not blame me if the results fail to come up to your expectations, and the dishes do not turn out as perfect as you had expected. It is by no means certain that the mistake was in the cooking or in the directions. Other things may account for it. Perhaps in your country onions are larger or more pungent, the cream thicker or thinner, and so on, than in Hungary.

However, I am quite sure of one thing; Hungarian cookery is worth trying, and Hungarian dishes are worth tasting, and once you have learned to appreciate them, they will rank quite high on your list of national cuisines. But even better than trying the dishes out at home is to come to Hungary, and taste them in their native land where all the original ingredients are at hand, and where eating can be accompanied, as it should be, by Hungarian wines and Hungarian music. Our hotels are ready to welcome you, and our famous chefs are waiting to delight your palate.

Károly Gundel

N.B. In all following recipes the quantities are for six persons.

SOUPS AND GARNISHES

1 Gulyás Soup (Gulyásleves)

600 g—1 lb 5 oz brisket or forequarter of beef
*200 g—7 oz onions * 600 g—1 lb 5 oz potatoes*
8 g—a dessert spoonful of sweet paprika, salt
1 tomato

Cut the meat in cubes, wash and put it into a saucepan, together with the chopped onions, paprika, salt and a little water. The onions may be fried first if desired.

Let it simmer. When the meat is almost tender, add the potatoes, cut in cubes, and sufficient water to make the required quantity. Simmer again until the meat is tender. Before it is quite done, add the sliced tomato. Make a dough of about 200 g—7 oz flour, one egg and a pinch of salt. Roll out very thin, cut into small squares and boil in the soup for a minute or two before serving. (This is *csipetke* soup pasta.)

2 Palóc Soup (Palócleves)

*1 kg—2 lb leg of mutton * 300 g—11 oz onions*
*300 ml—½ pt sour cream * 150 g—5 oz green*
*(French) beans * 150 g—5 oz potatoes*
*50 g—2 oz fat * a bay leaf*
1 tablespoon paprika, salt, a pinch of caraway-seed

Chop and fry the onions until golden brown, season with paprika. Cut the mutton in cubes, wash, and put it into the saucepan with the fried onions. Season with a pinch of crushed caraway-seed and a bay leaf and cook slowly. Cut the potatoes into cubes, the green beans in small pieces, and cook each separately in salted water. When the vegetables are ready, pour them, with the water they were boiled in over the stewed meat. Thicken with the sour cream in which a little flour has been mixed.

3 Sauerkraut Soup (Káposztaleves)

*1 kg—2 lb sauerkraut * 1 kg—2 lb smoked rib of pork*
100 g—4 oz smoked bacon
250 g—9 oz Debrecen sausage[1]
*dill, garlic, onions * 300 ml—½ pt sour cream*
salt, paprika

Boil the sauerkraut in plenty of water, together with the smoked ribs of pork, the finely chopped onions, a little garlic, and some very finely chopped dill. When the meat is tender, lift it out. Then cut the bacon into tiny cubes, fry it well and mix it, together with some paprika, and the sliced sausage, with the sour cabbage. Make a smooth paste with a tablespoonful of flour and the sour cream, and add it to the cabbage. Separate the ribs of pork, put them back into the cabbage and let the whole boil through again.

4 French Bean Soup (Zöldbableves)

*600 g—1 lb 5 oz French beans * 60 g—2½ oz butter*
*50 g—2 oz flour * 200 g—7 oz carrots and parsnips*
*200 ml—7 fl oz cream * 40 g—1½ oz onions, parsley*

Slice the carrots and parsnips. Remove all the strings from the beans, cut them into small pieces and boil them together in salt water till tender. Make a roux of butter

[1] a slightly spiced German sausage would be the best substitute

and the flour. Add the onions, finely chopped, season with minced parsley, and thicken the soup with the roux. Let the soup boil well. Season with pepper, add the sour cream and a little vinegar. Two pounds of veal bones may be boiled in the soup and, if desired, the flavour may be improved with a minute quantity of garlic.

5 Bread Soup, Peasant Style (Kenyérleves paraszt módra)

*300 g—11 oz dry crusts * 100 g—4 oz fat*
*30 g—1½ oz parsley * 3 eggs * 150 g—5 oz onions*
*15 g—½ oz paprika * a pinch of salt*

Fry dry crusts of bread in hot fat together with some finely chopped parsley and onions. Add water, salt and paprika and boil. Beat 3 eggs and add gradually to the boiling soup, stirring all the time. This soup tastes like meat soup.

6 Chicken Soup à la Újházy (Újházy tyúkleves)

*1 chicken (about 4 lb) * 2 heads of celery * 1 carrot*
*1 parsnip * 100 g—4 oz mushrooms * salt*
peppercorns, parsley, ginger

Pluck, wash and cut the chicken into joints and boil it in water. Then pour off the water, wash the meat well in cold water, put it on to boil again in fresh water and let it simmer gently. Remove scum carefully as it rises.

Meanwhile take two heads of celery, one carrot, one parsnip and some mushrooms and cut them all into long, thin pieces. When the chicken is half cooked, add these vegetables and some salt. Put parsley, peppercorns and some ginger in a linen bag into the soup. Cook till quite tender.

Meanwhile make some pasta dough (see recipe No. 10), cut it into very fine noodles, drop these into boiling water to which some salt has been added. When they rise to the surface, strain them, and when the meat is quite tender, serve the soup together with the meat and the noodles.

7 How to Cook the Tarhonya[1]

*250 g—9 oz tarhonya * 100 g—4 oz fat * 1 onion*
parsley, salt

Fry the finely chopped onion in hot fat until golden brown and season with a little parsley. Put the tarhonya into the pan and pour about 1200 ml—2 pt of boiling water on it. Add salt and let it simmer under a lid for about 15 minutes. It must be served very hot and—if desired—a little hot fat may be stirred into it before serving.

8 Tarhonya with Potatoes (Tarhonya krumplival)

*150 g—5 oz tarhonya * 100 g—4 oz potatoes*
salt, parsley

Cook the tarhonya as described above. Before it is done add the potatoes cut into tiny cubes and let it simmer till the potatoes are ready. When serving sprinkle some finely chopped parsley over it.

[1] See introduction, page 13

9 Galuska

*500 g—1 lb 2 oz flour * 6 eggs * salt*

Mix the flour with 6 eggs, 100 ml—4 tablespoons of water and a pinch of salt, and beat till bubbles begin to appear on the surface. Then force this dough with the hand into boiling salt water through a sort of colander with big holes, specially made for galuska. (The holes should be somewhat larger than cherry stones.) Instead of this utensil the dough may be placed on a chopping board (which must be held over the boiling water in the left hand), cut with a knife and drop off the knife into the boiling water. This, however, requires much practice. Care should be taken to have the water boiling steadily all the time.

Boil the galuskas till they rise to the surface of the water. Then lift them out with a strainer. Too many galuskas may not be boiled at a time, and care must be taken to lift out all the galuskas that are done, for if any remain in the water too long, they will become soft and watery.

When they have been lifted out of the water, rinse them in cold water to prevent them from sticking. Drain in a colander to remove all the water and throw them into hot lard or butter. If necessary, add salt before serving.

10 Noodles for Soup (Főtt tészta)

*300 g—11 oz flour * 2 eggs * salt*

Make a stiff dough with the flour, somewhat less than 50 ml—2 fl oz of water, the eggs, and a little salt. Knead well, let it rest a little, then roll out as thin as desired —usually about the thickness of a penny. Leave it to dry a little, then dredge the rolled out dough with flour, roll up and cut across to make long noodles of the required width. Shake the noodles to prevent them from sticking together.

Shortly before they are required, drop them into boiling water, boil till they rise to the surface, rinse them in cold water, drain and put them into the soup.

The same dough, if rolled out thicker, may be served with any kind of meat that has plenty of sauce, or may be served instead of a dessert with butter, semolina, cabbage, cottage cheese, jam, poppyseeds, walnuts, and so on.

11 Breakfast Roll Dumplings (Zsemlegombóc)

*4 breakfast rolls * 100 ml—4 tablespoons milk*
2 eggs
*50 g—2 oz fat * 20 g—¾ oz flour*
*onions, parsley * pepper and salt*

Cut four stale rolls into small cubes and brown them in the oven. Chop the onions and parsley and fry them till golden brown in hot fat. Add to the browned rolls. Mix in the milk, eggs, flour, pepper, and salt. Mix well and make into little dumplings. Drop them into boiling water and boil them till they rise to the surface. There is no hard and fast rule as to the size of the dumplings.

FISH AND OTHER ENTRÉES

Chicken Soup à la Újházy

12 Szeged Fisherman's Soup (Szegedi halászlé)

3 kg—6 lb of sterlet, giant pike-perch, carp and sheatfish[1]
*6 onions * 30 g—1 oz paprika * salt*

Scale and wash the fish before gutting them. Then cut into equal-sized cubes, salt, and cover with some finely shredded onions.

Put the heads, backbones, tails and fins with some sliced onions into a pot of water and bring to the boil. When the water reaches boiling point add a liberal quantity of paprika and cook till the onions disintegrate —about an hour and a half.

Strain this stock over the pieces of fish and boil for 20–25 minutes, shaking the pot several times. It must not be stirred, only shaken, to prevent the fish from breaking up. In season a few green peppers cut into longish slices may be added.

13 Carp Pörkölt (Pontypörkölt)

*A carp (about 3 kg—6 lb) * 500 g—1 lb 2 oz onions*
*50 g—2 oz fat * 20 g—¾ oz paprika * salt*
*6 green peppers * 3 tomatoes (or 200 g—7 oz tomato purée)*

Scale, wash and cut the carp lengthwise in 225 g—½ lb pieces. Salt them and let them stand for a time. Meanwhile chop the onions and fry them slightly in hot fat.

[1] If giant pike-perch or pike-perch is not available, it can be replaced by haddock. Young sturgeon is a good substitute for sterlet

Sauerkraut Soup
Fisherman's Soup

Add the paprika and a few slices of tomato (or some tomato purée), some green peppers (in winter preserved peppers will do). Pour the water in which the bones have been boiled over the fish and steam in the oven. Test frequently, and when the fork runs easily into the fish serve with potatoes or galuska (see recipe No. 9.).

14 Serbian Carp (Rácponty)

*One 3 kg—6-pound carp * 100 g—4 oz bacon*
*1 kg—2 lb potatoes * 300 g—11 oz onions*
*100 g—4 oz butter * 300 ml—½ pint of sour cream*
*salt, paprika * 300 g—11 oz tomatoes*
6 green peppers

Scale and wash a 3-kg—6-pound carp. Split in two, cut into half-pound pieces and score them. Sprinkle with salt and paprika and put thin slices of bacon into the incisions.

Butter a fireproof dish, cover the bottom of it with slices of parboiled potatoes and put the fish into it. Cover the fish with sliced onions, green peppers and tomatoes. Baste with melted butter and put into the oven. When half-baked, pour some thick sour cream in which a little flour has been mixed over it, and bake till the potatoes are quite ready.

15 Pike-Perch, Hungarian Style (Süllő magyarosan)

3 pike-perches, about 450 g—1 lb each
*250 g—9 oz onions * 100 g—4 oz butter * salt*
*400 ml—14 fl oz sour cream * 15 g—½ oz paprika*

Bone and fillet the fish. Remove the skin and place the fillets in a well-buttered baking-dish. Mince the onions and fry them in the butter; sprinkle them with paprika and add 600 ml—1 pt of water. Boil the backbones for about 20 or 30 minutes in this stock, add the sour cream and bring to the boil again. Thicken with a roux made of a little butter and flour, and strain the whole through a sieve.

Cook the fillets in the baking-dish in salt water, lay them on a dish and pour the sauce over them. Garnish with a few slices of green pepper, and serve with steamed potatoes or galuska (see recipe No. 9).

16 Pike-Perch, Peasant Style (Süllő paraszt módra)

*3 pike-perches, about 450 g—1 lb each * 2 or 3 onions*
*salt * 2 tomatoes * 100 g—4 oz bacon*
*2 or 3 green peppers * 15 g—½ oz paprika*

Fillet the fish and wash well. Mince the onions and cut the bacon into small cubes. Fry the bacon in a saucepan and when about half the fat has melted out of the bacon add the onions and fry them golden brown. Season with paprika, pour in 300–450 ml—½–¾ pt of water, add the fish bones and boil well. When the onions are done remove the bones, and stew the fillets in the stock.

Serve with steamed potatoes.

In summer sliced green peppers and tomatoes may be added to the stock. Another way of making this finely flavoured dish is to lard the fillets with the bacon, and then stew.

17 Sterlet with Paprika (Kecsegepaprikás)

5 small sterlets of 250–350 g—9–12 oz each

Gut and wash the fish as usual, wipe dry, toast for a few seconds on a hot gridiron to make the skin come off easily. Then prepare them according to recipe No. 15.

18 Balaton Giant Pike-Perch (Balatoni fogas) (Gundel's special recipe)

600 g—1 lb 5 oz giant pike-perch fillet
*200 g—7 oz butter * 300 g—11 oz spinach*
*400 g—14 oz potatoes * 50 g—2 oz flour*
*20 g—¾ oz grated cheese * 100 ml—4 fl oz sour cream*
*300 ml—½ pt milk * yolks of 2 eggs * 4 eggs*
*the crumbs of 3 breakfast rolls * salt, nutmeg*

Boil the potatoes, rub them through a sieve, mix with 2 eggs, 20 g—¾ oz butter and a little salt, and season with nutmeg. (Pommes Duchesse Purée.) Take a dish large enough for six persons. Squeeze the potatoes through a funnel round the edge of the dish.

Boil the spinach leaves and put them in a layer in the middle of the dish. Lay the giant pike-perch fillet, previously fried in lard or butter, on the spinach, cover with Béchamel sauce, sprinkle with grated cheese and bake in the oven.

Béchamel sauce: Make a roux of 25 g—1 oz of flour and 40 g—1 oz and a half of melted butter and thin with warm milk. Let it boil up, then add the yolks of two eggs, the cream and the rest of the giant pike-perch stock, and season with salt, pepper and nutmeg.

19 Balaton Giant Pike-Perch à la Gellért
(Balatoni fogas Gellért módra)

Stew a fillet of the fish in white wine sauce, lay it on a dish and cover with Sauce Hollandaise. Make a good crayfish pörkölt (see recipe No. 40) and lay it along the middle of the sauce-covered fillet. Allow about a 100 g—¼ of a pound of fish and the pincers and tails of 4 or 5 crayfish for each person.

20 Bakony Fillets of Pike-Perch
(Süllőfilé Bakonyi módra)

3 pike-perches, about 550 g—1¼ lb each
*250 g—9 oz mushrooms * 100 g—4 oz butter*
*30 g—1 oz flour * 250 ml—9 fl. oz sour cream * salt*
*dash of paprika * 100 g—4 oz onions * parsley*

Gut the fish, cut off the heads, and fillet. Pare the skin off the fillets with a sharp knife, wash them and put into a baking pan greased with butter.

Let the heads and backbones simmer in a little salted water. Brown the finely chopped onions in butter, add the sliced mushrooms, and continue to fry. Sprinkle with paprika and fill up with the stock made of the heads and bones. Thicken with smoothly mixed sour cream and flour; salt, and bring to the boil.

Pour the mushroom sauce over the fillets of fish and put the baking pan into the oven until the dish is cooked. Garnish with chopped green pepper or minced parsley and serve with potatoes or galuska (see recipe No. 9 for galuska).

The same recipe may be used with 2 scrambled eggs for each fish. In this case the sauce is made with beef stock.

21 Carpathian Fillets of Pike-Perch
(Süllőszelet Kárpáti módra)

3 pike-perches, about 550 g—1¼ lb each
*24 small crayfish * 120 g—4½ oz butter*
*60 g—2½ oz flour * 200 g—7 oz mushrooms*
*25 g—1 oz salt * dash of pepper * dill*
*25 g—1 oz crayfish-butter * a few caraway-seeds*
*250 ml—9 fl oz cream * 300 ml—½ pt fish stock*

Gut the fish, cut off heads and fillet them, removing skin with knife. Wash and salt fish, and put into baking pan greased with butter. Cook crayfish in water seasoned with caraway-seeds. Scoop out meat from pincers and tails.

Slice mushrooms thinly and brown in half the butter. With other half and the flour make a light roux. Add the fish stock made from the heads and backbones. Bring to boil again and add cream. Season with salt, pepper and the finely chopped dill. Then put in the scooped out meat of the crayfish and the mushrooms and pour this sauce over the fillets of fish in the baking pan, and finish cooking in oven. Baste with crayfish-butter before serving, and serve with buttered potatoes.

22 Jellied Carp (Pontykocsonya) (unseasoned)

This dish is prepared according to recipe No. 24, but without paprika or tomatoes. The jelly must be quite clear. Garnish with slices of hard-boiled eggs.

23 Jellied Fisherman's Soup (Halászlé kocsonya)

2½ kg—5 lb different kinds of freshwater fish
(sterlet, giant pike-perch, sheatfish, carp, pike-perch)
*onions, garlic * paprika * salt*

Fillet the fish. Boil the bones 2½ l—4 pt of water seasoned with onions, a very little garlic, paprika and salt. Boil till the onions go to pieces. Strain the stock into a saucepan, add the fish, cut into 50 g—2 oz pieces. Boil for 10 to 15 minutes. There must not be too much liquid or it will not jelly. Lift out the fish and put the different kinds mixed into dishes. Pour the well-seasoned and strained stock over them. Place in the refrigerator to jelly.

24 Hungarian Jellied Carp (Magyaros pontykocsonya)

*1 (3–4 kg—6–8 lb) carp * 3 onions*
*15 g—½ oz sweet paprika * green peppers*
*tomatoes * salt*

Cut the head off, gut, split and remove bones. Boil the bones and the roe in a little water with three sliced onions, the paprika and salt to taste.

To obtain a specially fine flavour, add green peppers and tomatoes when they are in season and simmer gently for a quarter of an hour. Cut the filleted carp into 120–180 g—4–6 oz pieces and add them to the stock. Simmer till tender.

Lay the pieces of fish on dishes and strain the stock over them using a fine hair sieve to remove the fat. Leave the fish to jelly. Serve with green peppers, fresh tomatoes and the roes, and garnish with hard-boiled eggs.

25 Jellied Carp (Diétás pontykocsonya) (a dietetic dish)

*1 carp 4–5 kg—8–10 lb * salt * 2 eggs*

Gut and wash a large carp—from 4–5 kg—8–10 lb. Remove the bones, restore the fish to its original shape and bind it to keep it in shape. Then let it stand for at least six hours. Meanwhile make a jelly from the bones. The jelly must be made exactly like a clear beef soup, but without any vegetables or seasoning except salt. When this stock is ready, strain it and boil the well-salted fish in it till tender. Lift the fish out and let it cool. Meanwhile clear the stock with the beated whites of eggs, but do not add any gelatine. Slice the fish very carefully with a very sharp knife. Every slice must be carefully examined for bones, and all bones removed. Arrange the slices of fish in a rather deep china or silver dish. Garnish according to taste with the roe of the carp, and when the stock begins to jelly pour it over the fish till quite covered. If necessary, salt may be added at this stage.

Serve with tartar sauce or a sauce of fine herbs.

26 Cold Sliced Pike-Perch, Tihany Style (Hideg szeletelt süllő Tihanyi módra)

3 pike-perches about 450 g—1 lb each
500 ml—18 fl oz tartar sauce
500 ml—18 fl oz mayonnaise
*sliced salmon * 3 eggs * tarragon * salt*
200 g—7 oz aspic

Take 3 fish of about 450 g—1 lb each. Split them and remove all the bones. Fold back the tail ends of the halves to form triangles and fix them in this position. Salt well, boil in fish stock, and set to cool. Then cover them with mayonnaise and garnish with sliced salmon and green tarragon. Glaze with aspic. Arrange on French salad, garnish with hard-boiled eggs and salmon and serve with tartar sauce.

27 Tomatoes with Fish Stuffing (Hallal töltött paradicsom) (cold)

12 medium-sized tomatoes
500 ml—18 fl oz tartar sauce
*600 g—1 lb 5 oz cold fish * 200 g—7 oz aspic jelly*
salt, pepper, parsley

Put the tomatoes in a strainer and dip them into boiling water for a few seconds. Lift them out of the water, peel, core and remove the seeds. Sprinkle the cavity with salt and pepper. Mix the minced fish with tartar sauce and fill the tomatoes with it.

Serve in a glass dish. Pour thick tartar sauce over them and garnish with finely minced aspic.

28 Jellied Eggs à la Munkácsy (Munkácsy[1] tojáskocsonya)

*12 eggs * 300 g—11 oz fish * 240 g—9 oz tomatoes*
*200 ml—7 fl oz vinegar * 50 ml—2 fl oz salad oil*
*1½ litres—2¼ pt aspic * 150 g—5 oz button mushrooms * 250 g—9 oz celery (root) * salt, pepper*
300 ml—½ pt Remoulade sauce

Cook the fish, mushrooms and celery root separately, cool, then add the tomatoes raw. When tomatoes are not in season, use tomato purée.

Cut all the ingredients into small cubes and mix them with a good Remoulade sauce. Add a little gelatine to make the mixture firmer. Lay the mixture in mounds of the desired size on round dishes. Put eggs that have been poached for 3 minutes into small tart tins, and leave them on ice to get quite cold and jellied. Then shake them carefully out of the tins and place them round the mounds of mixture.

Fill the spaces with finely chopped aspic. Mustard sauce may also be served.

REMOULADE SAUCE

300 ml—½ pt mayonnaise
2 tablespoonfuls chopped capers, chervil, gherkins, parsley, tarragon, onion

Mix finely chopped herbs and vegetables and blend into the mayonnaise.

[1] A famous Hungarian painter (1844–1900)

29 Poached Eggs à la Kapisztrán (Kapisztrán buggyantott tojás)

*400 g—14 oz carp roes * 250 g—9 oz mushrooms*
*100 g—4 oz fat * 12 eggs*
12 breakfast rolls (Kaiser rolls)
*300 g—11 oz onions * salt, paprika * parsley*
*600 ml—1 pt sour cream * 150 g—5 oz butter * herbs*

Remove the membrane from the carp roes and make a pörkölt of them (see recipes No. 47–56 for pörkölt) with the onions fried in butter, salt and paprika. Let it stew till all the water has evaporated. Cut off about a third of the breakfast rolls at the top and remove the crumbs from the bottom part. Fry the empty crusts in hot butter to light golden brown, line them immediately with a fricassé of mushrooms (with fine herbs) and fill with the roe pörkölt.

Lay a poached egg on each stuffed roll. Add the cream to the paprika gravy. Heat in saucepan and pour over the poached eggs. Sprinkle some chopped parsley on the top. The rolls must be fried just before serving to keep them crisp.

30 Poached Eggs, Hortobágy Style (Hortobágyi buggyantott tojás)

*500 g—1 lb 2 oz veal * 50 g—2 oz butter * 12 eggs*
*600 ml—1 pt sour cream * 12 puff pastry cases*

Poach the eggs and bake 12 puff pastry cases. Dice the veal and make a pörkölt (see recipes No. 47–56 for pörkölt). Make a pörkölt gravy of some veal bones and paprika, and add the sour cream. Strain through a fine sieve, thicken with a little flour and finally add the butter.

Fill the pastry with the meat, place the eggs on top, and pour the paprika gravy over. Sprinkle with some finely chopped parsley, and serve very hot.

31 Stuffed Eggs in Puff Pastry (Töltött tojás vajas tésztában)

*450 g—1 lb puff pastry * 100 g—4 oz butter * 13 eggs*
*2 breakfast rolls * about 200 ml—7 fl oz milk*
salt, pepper
French mustard, parsley

Boil 12 eggs for 10 minutes. Put them in cold water and shell them. Cut them across, remove yolks and rub them through a sieve, together with two breakfast rolls soaked in milk.

Stir the melted butter into the egg mixture and season with salt, pepper, French mustard and chopped parsley. Fill the whites of the eggs with this purée, and join the halves together again to look like whole eggs.

Roll out the puff pastry, cut it into 12 square pieces and brush lightly with egg. Place an egg in the middle of each square and smooth the pastry around it. Close the top of each with a round of pastry. Brush over with egg and bake. Serve with Madeira sauce.

32 Scrambled Eggs with Bacon (Szalonnás rántotta)

*300 g—11 oz bacon * 15 eggs * salt*

Take some good firm bacon, cut it into cubes and fry till crisp. Put the crisp cubes of bacon and some of the fat obtained into a saucepan. When the fat is quite hot, pour in the eggs, which have been well beaten with a fork, and stir. Add salt if necessary. Loosen the edges now and then with a fork.

33 Scrambled Eggs à la Santelli (Santelli rántotta)

300 g—11 oz Debrecen smoked sausage[1]
*3 tomatoes * 10 eggs*
*300 g—11 oz green pepper * 120 g—4½ oz fat*
*150 g—5 oz grated cheese * salt*

Use the same method as in the recipe for scrambled eggs with bacon, only before the eggs are added put the slices of peeled Debrecen sausage, tomato and green pepper into the fat and bacon. The eggs should only be added when the pepper is done. Stir slowly and, when done, sprinkle with grated Parmesan cheese.

34 Jellied Suckling-pig (Malackocsonya)

One suckling-pig (2–2½ kg—4–5 lb)
some peppercorns
*1 clove of garlic * 1 teaspoonful paprika*
*1 onion (150 g—5 oz) * salt*

Prepare a young, meaty suckling-pig, cut it into 60 g—2½ oz pieces and scald it. Wash again and simmer slowly until tender in a little water to which salt, peppercorns, the unpeeled garlic, a teaspoonful of paprika and a peeled

[1] Slightly spiced German sausage would be the best substitute

onion have been added. When the meat is tender arrange it on a dish, free the stock from grease by straining it through a very fine sieve, pour it over the meat, and set it in a cool place to jelly. Garnish with cucumbers and slices of hard-boiled eggs.

35 Pickled Offal of Suckling-pig (Savanyú malacaprólék)

1½ kg—3 lb offal, (feet, ears, etc.) of suckling-pig
*80 g—3 oz fat * 60 g—2½ oz flour*
*60 g—2 ½ oz onions * 150 ml—¼ pt sour cream*
*½ lemon * 20 g—¾ oz salt * 20 g—¾ oz sugar*
*20 g—¾ oz mustard * dash of pepper*
1 bay leaf

Wash the offal well, cut into 50 g—2 oz pieces and cook in 1 litre—1¾ pt of water. When it starts to boil, remove the scum, add salt and the bay leaf, and cook until tender. Make a light brown roux from the fat and flour, brown the finely chopped onions lightly with the grated lemon rind. Add a little cold water and pour on the meat. Add the mustard, sour cream, sugar, pepper and the lemon juice. Boil for ten more minutes. Serve with rice or tarhonya.

36 Goose Liver in its Own Fat (Libamáj saját zsírjában)

Choose a light coloured fat goose liver and stew it with sliced onions in goose fat. When it is done, place it either whole or sliced in a glass or china dish. Strain the fat it was cooked in, pour over the liver and let it cool. Before serving fry onions (cut lengthwise) to a golden brown in plenty of goose fat and lay them on the liver. Scrub some medium-sized potatoes, and bake in their jackets. Serve with the liver.

37 Goose Liver Pörkölt (Libamájpörkölt)

*600 g—1 lb 5 oz goose liver * 2 onions*
20 g—1 oz paprika
150 g—5 oz goose fat
3 fresh tomatoes or tomato purée
1 clove of garlic, finely chopped

Fry some finely chopped onions until golden brown, and season with paprika and garlic. Cut the goose liver into rough squares and sauté for a few minutes in a saucepan. Mix with the onions and paprika, and stew for ten minutes. Add the tomatoes or tomato purée and a little salt. When done take out the liver, strain the sauce over the liver and let it come to boil again.

Serve with steamed rice.

38 Pancakes with Calves' Brains (Borjúvelővel töltött palacsinta)

*2 calves' brains * 100 g—4 oz butter*
100 g—4 oz onions
*4 eggs * salt, pepper * parsley*
oil for frying breadcrumbs

Remove the membrane from 2 fresh calves' brains and cut them up small. Fry onions in butter, add the brains and season with salt, pepper and finely minced parsley.

When the brains are nearly cooked, break four eggs over them, stir, and cook till the eggs set.

Make 12 pancakes—without sugar—fill them with the above mixture, tuck in the ends neatly, dip them in egg and breadcrumbs and fry again in deep fat or butter.

For people who object to food fried in breadcrumbs, the pancakes may be laid in a buttered fireproof dish, brushed over with butter and baked in a hot oven for 10 or 15 minutes.

39 Hortobágy Pancakes (Hortobágyi palacsinta)

*450 g—1 lb veal * 1 or 2 tablespoons of sour cream*
oil for frying, breadcrumbs

Make a veal pörkölt (see recipes No. 47–56). Lift the meat out of the gravy and run it through the mincer. Put the meat into the gravy and add the sour cream.

Make 12 pancakes—thin and without any sugar—fill them with the mixture and tuck the ends in neatly. Dip them in egg and breadcrumbs and fry in deep boiling lard or butter.

40 Crayfish Pörkölt (Rákpörkölt)

*30 live crayfish * 30 g—1 oz parsley*
a few caraway-seeds
*salt * 250 g—9 oz fresh butter * 1 teaspoon paprika*

Drop the crayfish into 3–4 l—6–8 pt of boiling water, and boil with the salt, caraway-seeds and parsley for 15 minutes. Take them out of the water, and remove the meat from the tails and claws. Heat the butter in a sauce-

Veal Pörkölt

pan with the paprika, and then put in the crayfish meat, stirring all the time. When thoroughly hot, serve with rice or buttered potatoes in a separate dish.

41 Scrambled Eggs with Crayfish (Habart tojás rákkal)

Make scrambled eggs in the usual way—two for each person. Make a ring of them in a deep dish and put crayfish pörkölt in the middle.

42 Pancakes with Crayfish (Rákos palacsinta)

*30 crayfish * 2 breakfast rolls* 12 pancakes*
250 g—9 oz mushrooms
50 g—2 oz butter for frying mushrooms
*2 or 3 tablespoons sour cream * salt, paprika,*
*caraway-seeds * parsley, pepper * milk*
oil for frying

Make 12 pancakes without sugar. Boil 30 crayfish in salt and water with caraway-seeds and parsley. Remove the meat from the tails and claws and mince it. Rub two rolls soaked in milk through a sieve. Fry the minced mushrooms in the butter with a little parsley. Mix the three different ingredients, season with salt and pepper and add the sour cream.

Fill the pancakes with this mixture, roll them up and tuck in the ends. Dip in egg and breadcrumbs and fry them in deep boiling fat or butter.

Serve with crayfish sauce in a separate dish.

Chicken Paprikás
Carp Pörkölt

43 Crayfish Ragout with Dill (Kapros rákragu)

*30 crayfish * 150 g—5 oz mushrooms * 100 g—4 oz butter*
*500 ml—18 fl oz cream * cayenne pepper * dill, salt*

Mix a tablespoon of Velouté Sauce with a pint of cream and boil some finely minced dill in it. Slice the mushrooms, and fry them in butter; then add them to the sauce. Put the meat of the crayfish into this with some galuska (see recipe No. 9 for galuska). Cook all together with some salt and cayenne pepper. When serving put a few drops of crayfish-butter (see recipe No. 44) on the top and serve with rice.

Velouté Sauce

*5 g—¼ oz butter * 5 g—¼ oz plain flour*
*150 ml—¼ pt white stock * salt, black pepper*
1 teaspoon single or double cream (optional)

Melt the butter, add the flour. Blend the stock gradually into the roux and add the other ingredients.

44 Crayfish Rétes (Rákosrétes) (an old recipe)

*30 crayfish * 1 breakfast roll * 2 tablespoons cream*
*5 eggs+2 yolks * 200 g—4 oz crayfish butter*
*225 g—½ lb flour * salt, nutmeg * butter * curled milk*

"Boil 30 crayfish, remove the meat from tails and claws. Soak a roll in cream, squeeze the cream out of it and chop up the roll together with the crayfish meat. Beat 2 eggs in a bowl, add the crayfish, and roll mixture and stir well. Then beat well 100 g—4 oz of crayfish-butter[1], break a whole egg and one yolk into it, season with salt and nutmeg, stir well and add this butter to the mixture in the bowl. Put the flour on the baking board, rub in 25 g—1 oz of crayfish butter, mix two eggs and one yolk with an equal quantity of water, and beat till it foams. Keep on removing the foam as it arises, and add it to the flour till the dough is smooth and neither too stiff nor too soft. Then add salt and beat with the rollingpin a few times. Roll the dough out as thin as possible, then spread a clean, floured tablecloth, put the dough on it and pull out the dough till it is as thin as an eggshell. Sprinkle with melted butter and lay the crayfish filling on it. Fold it (like a rolly-polly), butter a baking-tin, put the rétes into it, pour curdled milk over it, cook it over a glowing fire till the whey evaporates; then put crayfish-butter on it and bake with heat above and below."

(From the *Pester Kochbuch* published by Gustav Heckenast in 1834.)

[1] Crayfish-butter: mix 50 gr 2 oz boiled crayfish with equal amount of butter into a soft paste

MEAT, POULTRY AND GAME

45 Gulyás

Should be made the same way as Gulyás Soup (see recipe No. 1) but with less water.

46 Gulyás de Luxe (Különleges gulyás)

*1 kg—2 lb loin of beef * 350 g—12 oz onions*
*400 g—14 oz potatoes * 50 g—2 oz fat*
*pinch of garlic, salt * pinch of caraway-seed*
*green paprika, tomatoes * 10 g—¼ oz paprika*

Cut the beef into 15 g—½ oz cubes and wash well. Chop the onions very fine and fry them until golden brown in the fat. Sprinkle a little salt on the meat, put it into the pan with the onions and stew with the lid on for 30 minutes. When the water evaporates, a little water or stock may be added. Cut the potatoes into cubes the same size as the meat, add the caraway-seed and the paprika. Pour in sufficient water to cover the meat. In summer 2 green peppers, from which the seeds have been removed, and a tomato may be added (all sliced). Bring to boil again and simmer till the potatoes are done.

Before serving boil some fine csipetke (see recipe No. 1) and add it to the gulyás.

47–56 Veal, Suckling-Pig, Pork, Mutton, Chicken, Goose, Duck, Turkey, Hare and Roe Pörkölt

Pörkölt literally means "scorched" or "singed". Generally speaking all pörkölts are made in the same way.

*1½ kg—3 lb meat * lard (the amount varies according to whether the meat is fat or lean)*
6 onions
salt, paprika, 2 or 3 tomatoes (or purée), green pepper

Fry the onions till golden brown in hot lard, add a tablespoon of paprika and the meat cut into cubes. Salt to taste and stew slowly. (If necessary a little water may be added, but never too much.) When the meat is half done add 2 or 3 tomatoes—tomato purée—and sliced green peppers, and let it stew till the meat is tender.

As a rule galuska (see recipe No. 9), or tarhonya (see recipe No. 7) is served with it, but potatoes or rice are also good. Gherkins with dill (see recipe No. 112) or lettuce salad is usually served with pörkölt.

57 "Csángó" Gulyás

*1 kg—2 lb chuck steak * 120 g—4½ oz fat*
*200 g—7 oz onions * garlic to taste*
*500 g—1 lb 2 oz sauerkraut * 80 g—3 oz rice*
*15 g—½ oz paprika * salt * caraway-seeds*
500 ml—18 fl oz sour cream

Chop the meat into about 25 g—1 oz pieces and wash. Lightly brown the sliced onions in fat, add the red paprika, caraway-seeds, garlic, and a little water. Put in the meat, salt and simmer in a covered pan. After one and a half hours add the washed sauerkraut and cover well with water. Keep cooking until the meat begins to get tender, then add the rice. Before serving, fold in the sour cream; serve in a deep bowl. When it is in season, sliced green pepper may be cooked with it.

58 Szeged Chicken Gulyás (Szegedi tyúkgulyás)

*3 chickens * 4 onions * 100 g—4 oz fat*
*1 kg—2 lb potatoes * 3 carrots * salt*
*20 g—¾ oz paprika * caraway-seeds*
200 g—7 oz tomatoes or tomato purée

Mince the onions and fry them till golden brown in the fat. Add paprika, a little water, a few crushed caraway-seeds, the chickens, each divided into eight parts, and stew slowly. When the meat is half done add the diced potatoes, the sliced carrots and tomatoes or tomato purée. Stew adding a little water now and then. The sliced carrots may be boiled in a separate saucepan and their liquor used instead of water.

Before serving boil some *csipetke* (see recipe No. 1) in the gravy.

59 Marjoram Tokány (Majorannás tokány) (Stew)

*1 kg—2 lb beef * 300 g—11 oz smoked bacon*
3 onions
*100 g—4 oz fat * 200 ml—7 fl oz white wine*
250 ml—9 fl oz sour cream
salt, marjoram, pepper, garlic (optional)

Chop the onions and fry them till golden brown in the fat. Put the meat, cut into long bits into the pan with them. Season with marjoram, pepper and salt, and stir in the wine. When the meat is half done, add the bacon cut the same size as the meat and partially fried. (If desired a little garlic may also be added.) Add the sour cream and cook till tender.

60 Mexican Tokány (Mexikói tokány)

*1 kg—2 lb veal * 150 g—5 oz fat * 3–4 onions*
*200 g—7 oz mushrooms * 15 g—½ oz paprika*
100 g—4 fl oz tomato purée

Chop the onions and fry them till golden brown in hot fat. Add the meat, cut into cubes, the paprika, salt and tomato purée, and stew till tender.

Cut the mushrooms a little smaller than the meat, fry them in butter and mix with the tokány when it is ready. Serve with boiled rice and green peas.

61 Cowboy's Tokány (Csikóstokány)

*1 kg—2 lb pork * 150 g—5 oz onions * 100 g—4 oz fat*
*60 g—2½ oz smoked bacon * 300 ml—½ pt sour cream*
*salt * dash of paprika * 30 g—1 oz flour*
100 g—4 oz "lecsó" or 150 g—5 oz green pepper and
*80 g—3 oz tomatoes * 1 clove of garlic*
4 servings of galuska

Cut the meat into strips. Brown the diced bacon in the melted fat, then add the finely chopped onions. When the onions are golden yellow, add the paprika, stir and add a little water. Cook for a few minutes. Put in the washed meat, and cook it with the lid on, stirring occasionally. When the water has boiled away, add water again, but only a little at a time. Fifteen minutes before the meat is cooked add the sliced green pepper and tomatoes and cook till tender. Then add the smoothly mixed combination of sour cream and flour, and bring to the boil. Serve with galuska (see recipe No. 9).

62 Sirloin Tokány (Hátszíntokány)

*1 kg—2 lb sirloin * 3 onions * 20 g—1 oz paprika*
*15 g—½ oz fat * 300 ml—½ pt tomato purée*
*salt, caraway-seed * marjoram, garlic*

Chop and fry the onions till golden brown in the fat. Add the meat, cut into cubes of about 25 g—1 oz each, the tomato purée and the paprika. Season with very finely minced garlic, caraway-seed, marjoram and salt, and stew in a little gravy. Serve with boiled potatoes cut in small cubes.

63 Seven Chieftains'[1] Tokány (Hét vezér tokány)

*300 g—11 oz veal * 300 g—11 oz pork*
*300 g—11 oz sirloin of beef * 100 g—4 oz smoked bacon*
*100 g—4 oz fat * 150 g—5 oz onions * 30 g—1 oz flour*
*30 g—1 oz salt * 15 g—½ oz paprika*
*150 g—5 oz green pepper * 80 g—3 oz tomatoes*
*or 100 g—4 oz "lecsó" * 300 ml—½ pt sour cream*
5 servings of galuska

Brown onions in the fat, then braise the steak, pork and veal adding them in that order with due consideration for the difference in their cooking time. When the meat is almost tender, season with paprika, add the tomatoes and green pepper or, if not available the "lecsó". When the stew is ready, thicken with a smoothly mixed combination of the flour and sour cream. Garnish with rings of green pepper, and serve with galuska (see recipe No. 9).

[1] In the 9th century, the Magyars were led to their present country by seven chieftains

64 Pepper Tokány (Borsos Tokány)

*1 kg—2 lb beef * 150 g—5 oz fat * 3 onions*
*6 g—¼ oz pepper * 150 g—5 oz tomato purée*
*or some fresh tomatoes * 200 ml—7 fl oz white wine * salt*

Chop the onions fine and fry them till golden brown. Add the tomatoes, or tomato purée, and the meat, cut into long pieces. Season with salt and pepper. Pour in the white wine, and stew slowly.

65 Tokány à la Gundel (Gundel tokány)

*800 g—1¾ lb tenderloin of beef * 150 g—5 oz fat*
*25 g—1 oz flour * 180 g—6 oz haricot beans*
*180 g—6 oz asparagus tips * 180 g—6 oz sweet peas*
*180 g—6 oz goose liver * 150 ml—¼ pt red wine * salt*
*dash of pepper * dash of marjoram*

For Scrambled-Egg Garnish

*6 eggs * 50 g—2 oz butter * 50 ml—3 tablespoons*
*sweet cream * 3 servings of French fried potatoes*
parsley

Cut the tenderloin into strips and braise in the fat. Season with salt, pepper and marjoram. When half tender add the goose liver, also cut in strips. When cooked, add red wine, and thicken with a little sifted flour. Mix in the beans, peas and the asparagus tips, which have been cooked in salt water.

Decorate stew with a nest-like arrangement of six scrambled eggs made with cream and butter. Serve with French fried potatoes.

66 Sauerkraut (Savanyúkáposzta főzelék)

Put 1 kg—2 lb of sauerkraut on to boil with some small knuckles of pork or cured ribs of pork. When the meat is tender, lift it out and thicken the cabbage with a delicately brown roux made of flour fried in lard. A little dill and sour cream mixed with paprika may also be added.

67–69 Veal, Lamb or Chicken Paprikás (Borjú-, bárány-, vagy csirkepaprikás)

*1½ kg veal or lamb or * 3 chickens * 100 g—4 oz fat*
*3 onions * 15 g—½ oz paprika * 3 green peppers*
*3 tomatoes * 400 ml—14 fl oz sour cream * salt and garlic*

Heat the fat. Fry the finely chopped onions till golden brown, add the paprika and (if desired) a minute quantity of garlic. Dice the meat and stew with these ingredients over a high heat till the water has evaporated. Then add the sliced green peppers and tomatoes. Stew till the meat is tender. Stir a little flour into the sour cream, add it to the meat and bring to boil again. Serve with galuska (see recipe No. 9), or boiled potatoes.

70 Stuffed Peppers (Töltött paprika)

*12 green peppers * 600 g—1 lb 5 oz juicy*
*pork (best part of neck) * 60 g—2½ oz rice * tomato sauce*
*25 g—1 oz onions * 1 clove of garlic * 1 egg * salt, pepper*

Cut the green peppers round the stalks with a sharp, pointed knife, and remove the stalks and seeds. Wash them and remove the inside ribs.

Mince the pork and mix it with the onions and garlic which have been finely chopped and fried in a little fat. Add the egg, the rice (parboiled), pepper, and salt. Stir the mixture well with a wooden spoon, and fill the peppers with it. Put back the tops that were cut off with the stalks (but without the seeds) to make lids. Place the stuffed peppers in a saucepan, cover with tomato sauce, and let them simmer for about an hour and a half over a low heat.

For the tomato sauce make a delicately browned roux of 50 g—2 oz of lard and a tablespoon of flour. Add 1200 ml—2 pints of tomato purée, stirring all the time, and season with salt and a teaspoon of sugar.

Serve the stuffed peppers in a deep dish with the tomato sauce poured over them.

71 Stuffed Cabbage (Töltött káposzta)

*1½ kg—3 lb pork * 100 g—4 oz smoked bacon (streaky) 400 g—14 oz belly of pork * 1 kg—2 lb sauerkraut * 2 eggs salt, pepper, paprika * 1 whole cabbage * 100 g—4 oz rice 5 oz onions * ½ clove of garlic * 300 ml—½ pt sour cream * 50 g—2 oz lard*

Mince the meat and mix it with the parboiled rice, the bacon cut into small cubes, the finely chopped onions, a little garlic, pepper, salt and eggs. Fill each of the cabbage leaves with the mixture and tuck in the ends neatly.

Put some sauerkraut into the bottom of a pan then the stuffed leaves with a piece of fleshy bacon and some of the pig's belly. Cover with some more shredded cabbage and sauerkraut, add water, and steam slowly for

2 hours. When it is done, thicken with a roux made of a little flour delicately browned in lard and seasoned with onions and paprika. Add sour cream and bring to the boil.

72 Székely Gulyás

*1 kg—2 lb pork (loin and shoulder) * 4–5 onions*
*½ teaspoon caraway-seed * 100 g—4 oz fat*
*1 kg—2 lb sauerkraut * 1 clove of garlic*
*200 ml—7 fl oz cream * salt * 20 g—¾ oz paprika * dill*

Cut the pork into 50–65 g—2–2½ oz pieces. Put the meat on to stew with the chopped onions, the crushed caraway-seed, the garlic, and a little finely minced dill. Add a little water or stock and let it stew with the lid on till half done. Then add the sauerkraut, mix well, season with sweet paprika according to taste, and simmer till the cabbage is tender. Then pour in the sour cream and bring to the boil again.

Before serving, a tablespoon or two of heated sour cream may be poured over it.

This dish, like many other cabbage dishes, may be warmed up.

73 Kolozsvár Stuffed Cabbage (Kolozsvári töltött káposzta)

Put some stuffed cabbage (see recipe No. 71) in a deep dish and lay freshly fried pork chops, slices of cured loin of pork, some Debrecen sausage and a few slices of cured pig's belly on the top.

74 Heyduck Cabbage (Hajdúkáposzta)

*1 kg—2 lb sauerkraut * 2 onions * 1 kg—2 lb cured pork*
*300 g—11 oz Debrecen sausage * 150 g—5 oz fat*
paprika, salt

Chop the onions small and fry them in fat. Add the sauerkraut well washed, and a little paprika, and boil till the cabbage is quite done.

Cut the meat into small pieces and make a pörkölt of it (see recipes No. 47–56 for pörkölts). Slice the Debrecen sausage. Mix the pörkölt and the sausage with the cabbage and let them all boil together for a few minutes.

75 Transylvanian Layered Cabbage (Erdélyi rakott káposzta)

*600 g—1 lb 5 oz pork * 1½ kg—3 lb sauerkraut*
*300 g—11 oz bacon * 300 g—11 oz Debrecen sausage*
*600 ml—1 pt sour cream * 200 g—7 oz onions*
*1 clove of garlic * paprika, salt * 120 g—4½ oz rice*

Wash the sauerkraut well and boil with some cured pork bones and rind. Sauté some roughly minced pork with the chopped onions and a little garlic. Then cut the bacon into cubes and fry together with the Debrecen sausage, peeled and sliced.

Grease a deep fireproof dish and put a layer of the boiled sauerkraut, without any of the liquid it was boiled in, into the bottom of the dish. On top of that, put a layer of bacon and sausage, then a layer of cabbage. Pour plenty of sour cream over it, and season with paprika and salt. Next add a layer of boiled rice, then one of

Stuffed Peppers

pork, then a layer of boiled rice, then one of pork and lastly a layer of cabbage.

Repeat till the dish is full. The last layer must be cabbage. Pour more cream over it, and bake in the oven for three quarters of an hour.

76 Mutton Pörkölt with Cabbage (Birkapörkölt káposztával)

Prepare the mutton exactly according to recipe No. 50, but when the meat is half done add some well washed shredded hard white cabbage, steam and serve.

77 Braised Sirloin à la Esterházy (Esterházy párolt hátszín)

6 sirloin steaks (about 225 g—½ lb each)
*60 g—2½ oz flour * 100 g—4 oz butter * ½ lemon*
*salt * capers * 400–500 ml—14–18 fl oz sour cream*
*150 g—5 oz fat * 200 g—7 oz onions * 20 g—1 oz paprika*
*20 g—1 oz pepper * 250 g—9 oz carrots*
*250 g—9 oz parsnips * 250 g—9 oz celeriac*

Beat the steak well with a steak-beater, sprinkle some salt and pepper on them, brown on both sides and put them in a fireproof dish. Chop carrots, parsnips, celery and onions and fry in the fat left over from browning the meat.

Add 50 g—2 oz of flour, a few peppercorns and some paprika, thin with stock or meat soup, and, when it has boiled, pour it over the steaks and bake them in the oven. When the steaks are tender, put them into a stew-

Lecsó

Goose Liver in its Own Fat

pan, strain their own gravy over them, add the vegetables, a few capers, some slices of lemon, the sour cream and bring to the boil again. Serve with noodles, galuska or rice.

78 Hungarian Braised Sirloin (Párolt hátszín magyarosan)

*6 slices of sirloin (about 225 g—½ lb each) * 2 onions*
*1 kg—2 lb potatoes * 150 g—5 oz pork fat*
1 clove garlic a pinch of caraway-seed
*25 g—1 oz paprika * salt*
*3 green peppers * 20 g—1 oz tomatoes*

Sprinkle salt on the sirloin steaks and brown them on both sides. Chop onions and fry them in a saucepan. Put in the meat with a little water, salt, some caraway-seeds and a little finely minced garlic, then stew. Add paprika, green pappers, sliced tomato and, later on, potatoes cut lengthwise in four. Some more water will then be needed. Stew till the potatoes are ready, then serve. There must not be too much gravy.

79 Braised Sirloin, Csikós Style (Párolt hátszín csikós módra)

*6 sirloin steaks (200–240 g—7–9 oz each) * 4 onions*
*1 tablespoon flour * 100 g—4 oz fat*
*200 ml—7 fl oz sour cream * paprika and salt*

Chop the onions and fry them until golden brown in hot fat, add paprika and water. Then put in the steaks, which must first be browned; cover and stew till tender. Not much water is required, and it should be added gradually. When the meat is tender, mix a tablespoonful of flour with the cream, pour it over the meat, and bring to the boil again.

May be served with galuska (see recipe No. 9) or noodles (see recipe No. 10).

80 Sirloin, Debrecen Style (Debreceni hátszín)

*1½ kg—3 lb sirloin * 2 onions*
*250 g—9 oz smoked bacon * 300 g—11 oz mushrooms*
*25 g—1 oz paprika * a pinch of caraway-seeds*
300 ml—½ pt tomato purée or fresh tomatoes

Fry the finely chopped onions, add paprika, crushed caraway-seed and tomato purée. Then put in the meat which has been sprinkled with salt, add some water, and place in a covered dish in the oven. The bacon and mushrooms must be cut into little cubes and fried. Take the meat out of the baking-dish, and strain the gravy (a little soup or water may be added if it is too thick). Put the meat back in the gravy, add the bacon and mushrooms, and let them all stew slowly in the oven till tender. Before serving, cut the meat in slices, arrange on a dish, and pour the gravy over it.

Serve with noodles or potato chips.

81 Mixed Grill (Fatányéros)

Fatányéros is a mixed grill. It consists of different kinds of meat slices—fillets of beef and veal, tender pork cutlets, a slice of goose liver and a slice of bacon—grilled or roasted on a spit. Make a high heap of fried potatoes in the middle of a wooden platter and arrange the meat on it. Garnish with mixed salad (green pepper, beetroot, cabbage and cucumbers).

In olden times the wooden platter was simply a piece of wood cut from the trunk of a tree to serve as a plate.

82 Mutton Stew (Birkaragu)

*1 kg—2 lb mutton * 1 onion * 450 g—1 lb rice*
*150 g—5 oz butter or fat * pepper, marjoram * parsley*

Cut the meat into cubes and simmer in as much water as will cover it. When it comes to the boil, remove the scum and season it with pepqer and a pinch of marjoram. While the meat is simmering, brown the finely chopped onions with the rice and a little parsley in the butter or lard. When the meat begins to grow tender, add the rice, onions and parsley. Bring it to the boil, stir well, and put in the oven to bake for 15 minutes.

When serving sprinkle some grated cheese over it, and serve more cheese separately.

Barley may be used instead of rice.

83 Hungarian Veal Rolls (Borjútekercs magyarosan)

*12 fillets of veal (100 g—¼ lb each) * 4 onions*
*200 g—7 oz cured pork * 150 g—5 oz fat*
*100 g—4 oz tomato purée * 20 g—¾ oz paprika*
*salt, garlic * 1 green pepper*

Beat the fillets quite thin with a meat-bat, sprinkle them with finely minced cured and smoked pork, and roll them up. Chop and fry the onions until golden brown with some paprika (a little garlic may also be added). Put the rolls into the saucepan with the onions, and let them stew slowly with a little tomato purée.

Serve with slices of green pepper placed on top and a ring of potatoes round them.

84 Stewed Sirloin Cutlet, Hortobágy Style (Hortobágyi hátszín-becsinált)

6 sirloin cutlets (175–190 g—6–6½ oz each)
*120 g—4½ oz fat * 20 g—¾ oz flour*
*250 g—9 oz onions * 150 g—5 oz green peppers*
*150 g—5 oz tomatoes * 20 g—¾ oz salt*
*10 g—¼ oz garlic * 15 g—½ oz paprika * marjoram*
For semolina dumplings:
*1 egg * 100 g—4 oz semolina * 50 g—2 oz fat*

Salt the cutlets and dip in flour, then fry them quickly in hot fat, and transfer to a stew-pan. In the same fat in which the cutlets were fried, brown the finely chopped onions until light golden brown, add the paprika, the tomato purée, the crushed caraway-seeds and marjoram. Mix and add water, bring to boil, and pour over the cutlets. Add enough water to cover the meat, and cook on a slow heat in a covered dish. Before the meat gets tender, add the quartered green peppers and the tomatoes (or 150 g—5 oz "lecsó"). Make six semolina dumplings, and serve each cutlet topped with a dumpling.

85 Hungarian Fried Veal Cutlets (Sült borjúszelet magyarosan)

*1 kg—2 lb tenderloin of veal * 150 g—5 oz fat*
*30 g—1½ oz flour * 150 g—5 oz onions * salt*
*15 g—½ oz paprika * 1,225 g—2½ lb potatoes*
*parsley * 2 or 3 green peppers * 2–3 tomatoes*
*or 150 g—5 oz "lecsó" * 20 g—¾ oz tomato purée*

Lightly brown the finely chopped onions in about one-third of the fat. Add the paprika and the tomato purée, mix well, add a little water and boil for a few minutes.

Trim the meat and cut into about 25 g—1 oz slices; pound these a little, sprinkle with salt and turn in flour, then quickly fry on both sides to a crisp red-brown in hot fat. Then put the fried meat into the pörkölt sauce, add the "lecsó", bring to boil and keep warm.

In the fat left after frying the meat fry and brown the potatoes that have been cut into round slices. Add meat and sauce, simmer together for a while, then carefully shake and serve immediately in a bowl. When in season fresh tomatoes and green peppers may be substituted for the "lecsó".

86 Braised Pork Cutlets (Párolt sertésszelet)

*12 pork cutlets (about 100 g—4 oz each) * 4 onions*
*100 g—4 oz fat * 1½ kg—3 lb potatoes * salt*
*25 g—1 oz paprika * caraway-seeds * 1 clove of garlic*
4 tomatoes and 3 green peppers (or 150 g—5 oz "lecsó")

Sprinkle salt on the pork cutlets and brown them on both sides in fat. Chop and fry the onions with sufficient paprika, a pinch of garlic, and a few pounded caraway-seeds. Add meat stock and the pork cutlets. When they are partly tender, add the potatoes cut lengthwise, and simmer with the green peppers and tomatoes till tender.

87 Pork Cutlets, Debrecen Style (Debreceni sertéskaraj)

*12 pork chops (about 100 g—4 oz each) * 2 onions*
*200 g—7 oz bacon * 300 g—11 oz Debrecen sausage*
*25 g—1 oz paprika * salt, tomatoes * green peppers*

Brown the pork chops, then fry the finely minced onions. Put the chops into the saucepan with the onions and season with paprika and salt. Add some green peppers and tomatoes (preserved tomatoes may be used). Pour in a very little water and stew with the lid on. Before the meat is quite tender fry the bacon, cut into quite small cubes, add the Debrecen sausage[1] in slices, and fry with the bacon for a few minutes. Mix with the pork chops and stew till quite tender.

Serve with tarhonya, potatoes or galuska (see recipes No. 7 and 9).

88 Székely Pork Chops (Székely sertéskaraj)

12 pork chops (about 100 g—4 oz each)
*1,225 g—2½ lb sauerkraut * 3 onions * salt, paprika*
*1 clove of garlic * 5 g—¼ oz caraway-seeds*
*100 g—4 oz fat * 500 ml—18 fl oz sour cream*

Brown the chops. Mince the onions and fry them in hot fat. Add paprika and the chops. Pour in a little water,

[1] Slightly spiced German sausage would be the best substitute

add salt, a minute quantity of garlic and some caraway-seeds, and, after a short time, the well-washed sauerkraut. When the sauerkraut is ready, add the cream and serve.

89 Pork Cutlets, Kolozsvár Style (Kolozsvári sertésszelet)

12 pork cutlets (about 100 g—4 oz each)
3–4 onions
*100 g—4 oz fat * 400 g—14 oz cured pork*
*1½ kg—3 lb sauerkraut * salt, paprika*
*sour cream * tomato purée*

Fry the finely chopped onions until golden brown in hot fat; add paprika, a little water and the tomato purée. Sprinkle meat with salt and put it in the gravy. Cover with a lid, and stew. When half done, put in the cured pork, cut into pieces, add the sauerkraut (the stew may be rather soup-like). Stew till the cutlets are tender, then add a few spoons of sour cream and serve.

90 Torda Barbecue (Lacipecsenye)

1,225 g—2½ lb loin of young pig not skinned
*80 g—3 oz fat * 3 servings of baked potatoes*
3 servings of mixed salad
*40 g—1½ oz flour * salt*

Cut ten equal chops from the meat, beat with meat tenderizer and score edges. Sprinkle with salt and dip into flour on both sides before frying to a crisp red-brown. Serve with baked potatoes and mixed salad (beetroot, green pepper and cole-slaw).

91 Veal Cutlets with Paprika (Paprikás borjúszelet)

*12 veal cutlets (about 80 g—3 oz each) * 100 g—3 oz fat*
*2 onions * paprika, salt, flour * 300 ml—½ pt sour cream*
*6 green peppers * 3 fresh tomatoes*

Chop the onions and fry in fat until golden brown; add a spoonful of paprika and some meat stock. Beat the veal cutlets with a meat-bat, salt them and fry them lightly but take them out of the pan before they begin to brown. Put them and the onion gravy into a saucepan and stew with the lid on till tender. Add the cream mixed with a little flour (some sliced green peppers and tomatoes can also be added when available), and boil well again.

Serve with tarhonya, galuska (see recipes Nos. 7 and 9) or potatoes.

92 Pittsburgh Veal Cutlets (Borjúszelet pittsburghi módra)

Fill the veal fillets with goose liver pâté and stew till tender. Pour truffle sauce over the meat, and serve with creamed corn in a separate dish.

93 Veal Cutlets à la Gundel (Gundel borjúszelet)

6 veal cutlets (about 100 g—¼ lb each)
100 g—4 oz button mushrooms
Pommes Duchesse Purée (see recipe No. 18)
*200 g—7 oz spinach * 100 g—4 oz ham * fat for frying*

Dip the cutlets in egg and breadcrumbs, and fry them in deep fat. With a forcing bag make a decorative ring of Pommes Duchesse Purée round the edge of a silver dish, put spinach leaves that have been boiled in salted water into the bottom of the dish, and lay the fried cutlets on them. Cover the cutlets with the sliced and fried mushrooms and pour Béchamel sauce mixed with finely shredded ham over the mushrooms. Sprinkle with grated cheese and bake *au gratin.*

94 Stewed Calves' Knuckles (Főtt borjú csülök)

*Calves' knuckles (six halves) * 2 onions*
*450 g—1 lb potatoes * salt * 25 g—1 oz paprika*
*6 green peppers * 3 tomatoes*

Make a good paprika stock of finely chopped onions, paprika, tomatoes and veal bones. When the onions have disintegrated, lift out the bones, strain the stock, and season. Boil the calves' knuckles in salted water till quite tender, then remove the bones. Put the meat into the paprika sauce, add potatoes in cubes and let it simmer till the potatoes are done. Sliced tomatoes and green peppers may be added when in season.

95 Rice with Goose Giblets (Libazúza rizzsel)

*1 kg —2 lb goose giblets * 200 g—7 oz goose liver*
*100 g—4 oz fat * 150 g—6 oz mixed soup vegetables*
*100 g—4 oz mushrooms * 350 g—¾ lb rice * parsley*
*salt * 75 g—3 oz onions * 60 g—2½ oz celeriac*
*dash of pepper * marjoram*

Cut and wash giblets and cook with the diced onions and vegetables inenough water to cover the meat. When the giblets are half tender, remove onions. Melt fat in a frying pan, brown rice, sliced mushrooms and minced parsley and add to the giblets. Mix well, season with salt, pepper and marjoram; bring to boil, and place in a medium-hot oven in a covered dish. Cook in the oven for about 20 or 25 minutes. Serve hot from the oven and garnish with a slice of goose liver for each person. In season 1 or 2 diced green peppers and tomatoes may be added.

96 Transylvanian Mutton Chops with Tarhonya (Erdélyi birkaszelet tarhonyával)

*12 mutton chops (about 80 g—3 oz each) * 6 onions*
*250 g—9 oz potatoes * 120 g—4½ oz fat*
*250 g—9 oz tarhonya * salt * 25 g—1 oz paprika*
2–3 tomatoes

Fry the chops brown on both sides. Lift them out and fry the finely chopped onions in the same fat. Add paprika, some water and tomato purée. Return the cutlets and stew till tender.

Brown the tarhonya (see recipe No. 7) in a little hot fat, add some paprika and boiling water. Slice some raw potatoes and boil them together with the tarhonya. When ready, put the tarhonya and potatoes in the middle of the dish, lay the cutlets on the top and pour the sauce over them.

97 Transylvanian Stuffed Chicken (Erdélyi töltött csirke)

3 chickens (700–800 g—1½–1¾ lb each)
120 g—4½ oz fat
For the stuffing:
*2 bakery rolls soaked in milk * 3 eggs, hard-boiled*
*60 g—2½ oz onions * 100 g—4 oz mushrooms*
60 g—2½ oz smoked bacon
120 g—4½ oz goose or duck liver
*100 g—4 oz butter * salt * marjoram * pepper, parsley*

Dice bacon, fry it lightly and add the minced onions, mushrooms and goose liver till brown. Season with the salt, marjoram, pepper and parsley. Dice the hard-boiled eggs and add, together with the rolls soaked in milk. Stuff the chickens with this mixture, sew up the opening and bake in a slow oven.

Serve with green peas and rice, or with your favourite salad.

VEGETABLES AND SALADS

98 French Beans (Zöldbabfőzelék)

*1,200 g—2½ lb French beans * 250 ml—9 fl oz sour cream*
*60 g—2½ oz fat * 50 g—2 oz onions*
*40 g—1½ oz flour * 1 tablespoon wine-vinegar * salt*
*½ clove of garlic * parsley*

Choose young beans that are not yet stringy. Remove tips, cut the beans on the slant into strips and boil in salted water. Make a roux of the flour and fat. When delicately brown add the chopped onion, parsley and garlic (a very little paprika may also be used). Thicken the beans with this and boil well. The vinegar and sour cream should be added before serving.

99 Green Peas (Zöldborsófőzelék)

*1 kg—2 lb green peas * 60 g—2½ oz butter*
*40 g—1½ oz flour * 1 onion * salt, sugar * parsley*

Choose young fresh peas. Shell and boil in salted water with a very little sugar. Make a delicate brown roux of the flour and fat seasoned with the onion and parsley and thicken the peas with it.

100 Hungarian Asparagus (Spárga magyarosan)

*2 kg—4 lb asparagus * 400 ml—14 fl oz sour cream*
*about 50–60 g—2–2½ oz butter * 100 g—4 oz breadcrumbs*
*salt and paprika * 1 level teaspoon sugar*

Prepare and boil the asparagus in salted water to which a level teaspoon of sugar has been added. Drain the boiled asparagus in a colander. Butter a fireproof pie-dish. Brown the breadcrumbs in the butter. Put half the cream and half the breadcrumbs into the bottom of the pie-dish. Lay the asparagus on the breadcrumbs, pour the other half of the cream over it, with the rest of the breadcrumbs. Add a little paprika. Bake in a hot oven till done and brown on the top.

101 White Cabbage (Káposztafőzelék)

*3 kg—6 lb white cabbage * 50 g—2 oz onions*
*40 g—1½ oz flour * 60 g—2½ oz fat*
*salt, caraway-seeds * parsley*

Cut a hard white cabbage into slices half an inch thick. Boil in salted water with a few caraway-seeds. When almost done, thicken with a delicately browned roux made of the flour, fat and chopped onions. A little parsley may be added.

Cooked in this way cabbage is very tasty, and is usually served with fresh or smoked pork, but is equally delicious with lamb or mutton.

102 Transylvanian Boiled Cabbage (Erdélyi párolt káposzta)

*1,800 g—4 lb cabbage * 60 g—2½ oz fat*
*60 g—2½ oz flour * 60 g—2½ oz onions*
*1,200 g—2½ lb shoulder of pork * wine vinegar*
*200 ml—7 fl oz sour cream * salt * pepper*
*caraway-seeds * 1 clove of garlic * 1 packet of savory*

Cut the cabbage into narrow strips, wash, and cook until tender in salted water with the savory, pork and caraway-

Rod Biscuits

seeds. When tender, thicken with a combination of smoothly mixed sour cream, flour and a little vinegar, and bring to the boil. Season with pepper. Remove the savory before serving, and serve the cabbage steaming-hot with the sliced pork.

103 Stuffed Vegetable Marrow with Dill Sauce (Töltött tök kapormártással)

*2½–3 kg—5 or 6 lb vegetable marrow * 300 g—11 oz veal*
*300 g—11 oz pork * 200 g—7 oz butter * 80 g—3 oz flour*
*1 breakfast roll or 60 g—2½ oz bread * 1 egg*
*200 ml—7 fl oz milk * pepper, salt, marjoram*
*40 g—1½ oz dill * parsley * 300 ml—½ pt sour cream*

Choose a fresh, young marrow. Cut into slices, remove the seeds and fill the pieces with force-meat.[1] Butter a baking-pan, put in the marrow, baste with butter and cover with paper. Bake in a moderate oven. Meanwhile make an almost white roux of flour and fat, add milk and, when it boils, salt and some sour cream. When it has boiled a little, add the dill, finely minced. Mix some fresh butter with sour cream and baste the marrow with it. Let it bake a little longer and then serve with the sauce in a sauce-boat.

[1] Force-meat: Mince the pork and veal. Season with pepper, salt and a little marjoram. Add the breakfast roll that has been softened in milk, also parsley, the butter, the sour cream and the egg. Mix well and beat till smooth. (Instead of a breakfast roll thick, cold Béchamel may be used.)

Plum Dumplings
Pancakes à la Gundel

104 Vegetable Marrow with Dill and Sour Cream (Tökfőzelék)

*2½ kg—5 lb vegetable marrow * 50 g—2 oz onions*
*400 ml—14 fl oz sour cream * salt, vinegar*
*40 g—1½ oz dill * 60 g—2½ oz fat * 1 clove garlic*
40 g—1½ oz flour

Peel and cut a young vegetable marrow into long strips with a marrow slicer. Salt, and leave it in the salt for 20 minutes. Then squeeze out the brine. Meanwhile chop some onions and dill very small and fry them lightly in fat. Add some water and the marrow. Bring to the boil, then stir some flour into the sour cream and thicken the marrow with it. Let it boil gently. Don't use too much flour or the marrow will be too thick. Finally add a little vinegar and, if necessary, more salt.

105 Stuffed Kohlrabi (Töltött karalábé)

*12 young kohlrabis * 300 g—11 oz pork * 300 g—11 oz veal*
*90 g—3½ oz butter * 1 breakfast roll*
*300 ml—½ pt cream * 1 egg * 60 g—2½ oz flour*
*salt, pepper * sugar * marjoram * parsley*

Peel the kohlrabis and scoop out the insides. Keep some of the tender leaves and boil them with the kohlrabis and the scooped out parts. Lift out the kohlrabis, fill them with the same kind of force-meat as used for the vegetable marrow (see recipe No. 103), and bake them in the oven. Make a roux of the flour and lard seasoned with parsley and add the water in which the kohlrabis were boiled and which still contains the scooped out parts and the leaves. Season with salt, pepper and sour cream, let it boil and serve with the stuffed kohlrabis.

106 Mushrooms in Sour Cream, Hungarian Style (Tejfölös gomba magyarosan)

*1 kg—2 lb mushrooms * 100 g—4 oz butter or fat*
*750 ml—1¼ pts sour cream * 2 onions*
paprika, parsley

Wash well, trim, and slice the mushrooms. Chop the onions finely and fry until golden brown in butter or fat. Add the mushrooms and stew. Season with salt, paprika and chopped parsley. When the water has evaporated, dredge with flour, add cream, and bring to boil. Serve with fried eggs.

107 Cooked Lettuce (Főtt fejes saláta)

*12 lettuces * 300 g—11 oz bacon*
*50 ml—3 tablespoons wine-vinegar * salt*
sugar, a little garlic

Throw away the outer leaves, wash the lettuces well and quarter them. Cook them in water with the vinegar, salt and sugar. Cut the bacon in tiny cubes and fry it in a saucepan. Lift the bacon out of the fat and pour as much of the melted fat as desired over the lettuce. Mix well, replace lid for about half a minute and serve.

Scatter the cubes of bacon over the lettuce before serving.

108 Lecsó

*1.23 kg—2½ lb green pepper * 1 kg—2 lb tomatoes*
*80 g—3 oz fat * 200 g—7 oz onions * salt*
*dash of paprika * 80 g—3 oz smoked bacon*

Scald the tomatoes, skin and quarter them. Core the green peppers and cut into 5 or 6 pieces lengthwise. Dice the bacon, brown in fat and add the finely chopped onions. When the onions are golden brown, add paprika and then the green peppers and tomatoes. Stir and simmer over a gentle heat. If the green peppers are very hot, scald them before putting into the mixture.

109 Potato Paprikás (Paprikás burgonya)

*2½ kg—5 lb potatoes * 120 g—4½ oz fat*
*200 g—7 oz onions * 120 g—4½ oz lecsó*
*1 clove of garlic * salt * 15 g—½ oz paprika*
a few caraway-seeds

Brown the finely chopped onions until light golden brown. Add the crushed garlic, crushed caraway-seeds, and red paprika and pour on a little water. Peel and wash the potatoes, cut into long pieces, put into the above sauce together with the lecsó and cover with water. Salt and cook over a gentle heat. The flavour can be further improved by adding spicy sausages.

110 Green Pepper Salad (Zöldpaprika saláta)

*6 green peppers * oil, vinegar * salt, sugar * pepper*

Remove the stalks, seeds and the inside ribs of the fleshy green peppers. Wash the peppers and slice them. Throw them for a second or two into boiling salt water then strain. Make a dressing of oil and vinegar, season with salt, sugar and pepper, and leave the peppers in this for an hour before serving.

111 Gellért Salad (Gellért saláta)

*1½ kg—3 lb beetroots * 40 g—1½ oz sugar*
*100 ml—4 tablespoons vinegar * salt*
a few caraway-seeds
*horseradish * 300 ml—½ pt tartar sauce * parsley*

Wash the beetroots and cook them in their skins in plenty of water until tender. Peel the beets and slice them with a scalloped knife. Then put the slices into a brine of the vinegar, sugar, salt, caraway-seeds and horseradish. Let it soak for a few hours, then drain off the brine and cut the beetroot slices into strips. Mix with the tartar dressing. Before serving garnish with minced parsley.

112 Gherkins with Dill (Kovászos uborka)

2 kg—4 lb of short thick cucumbers
150 g—5 oz bread (made with yeast)
*20 g—1 oz of peppercorns * 40 g—1½ oz salt*
*2 l—4 pt water * dill * 1 clove of garlic*
2 or 3 bay leaves

You will need a glass or earthenware jar with a capacity of about 2 l—4 pt. Toast the thinly sliced bread, cut off the tips of the cucumbers, and taste them in case there are any bitter ones. Then pierce them all over the surface with a sharp knife. Boil the salt in the water and let this brine cool.

Lay some slices of the toast in the bottom of the glass or earthenware jar and put in half the cucumbers—if possible in an upright position. Put another layer of toast on them and then the rest of the cucumbers in the same way. Cover with what is left of the toast. Add the peppercorns, 2 or 3 bay leaves, some dill—fresh if possible—and sprinkle a clove of crushed garlic on the cucumbers. Pour the cold brine over the cucumbers till it covers the top slices of toast. Cover the glass or earthenware jar with a saucer and set it in a very warm place to ferment. Let the cucumbers ferment for 5 or 6 days till they lose their bright green colour and turn yellowish green and glassy looking.

When the cucumbers are sufficiently fermented, take them out of the glass, drain off the liquid, return the cucumbers to the glass and strain the marinade over them. Cool them on ice. Serve very cold—peeled or with the skin on—with some crushed ice and a little of the marinade poured over them.

If well cooled, the liquid makes a very refreshing drink.

113 Fried Green Pepper Salad (Sültpaprika-saláta)

*10 green peppers * 1 onion * oil * parsley*
*tarragon * pepper * salt * vinegar*

Choose 10 fleshy, green peppers, heat some oil in a pan to boiling point and throw the peppers in for a few seconds. The fine outer skin will now peel off quite easily.

Chop up some onions, parsley and tarragon very small. Add them to the oil in which the peppers were fried. Stir in a little vinegar and season with pepper and salt. Leave the peppers in this dressing for an hour.

114 Károlyi Salad (Károlyi saláta)

300 g—11 oz boiled potatoes
120 g—4½ oz boiled dry beans
*120 g—4½ oz gherkins * 300 g—11 oz fresh tomatoes*
*2 lettuces * 2 hard-boiled eggs*
300 ml—½ pt tartar sauce
*parsley * 120—4½ oz green peppers*

Slice the potatoes, gherkins and hard-boiled eggs and cut the green peppers and one of the 2 lettuces into strips. Skin and seed the tomatoes, and cut into cubes. Mix these chopped ingredients and the chilled beans with tartar sauce and arrange in little mounds on a bed of lettuce leaves from the other lettuce. Garnish with a sprinkling of parsley.

115 Gundel Salad (Gundel saláta)

*300 g—11 oz mushrooms * 100 ml—4 fl oz oil*
*2 heads of lettuce * 250 g—9 oz asparagus tips*
*150 g—5 oz tomatoes * 150 g—5 oz green peppers*
150 g—5 oz gherkins
50 ml—3 tablespoons vinegar
*salt * dash of pepper*

Clean and quarter the mushrooms; brown in oil, then cool. Put the oil asidc. Mix with the quartered tomatoes, the gherkins sliced crosswise, the asparagus tips cooked in salt water, and the green peppers, prepared as described in recipe No. 113. Season with salt, pepper and the vinegar and add the shredded lettuce before serving. Finally add the oil that was used for frying the mushrooms.

NOODLES, PANCAKES, PASTRIES AND DUMPLINGS

116 Noodles with Cottage Cheese (Túróscsusza)

*600 g—1 lb 5 oz flour * 400 g—14 oz cottage cheese*
4 eggs
300 ml—½ pt sour cream
*60 g—2½ oz fat or butter * 60 g—2½ oz bacon * salt*

Make a stiff batter of the flour, the eggs, some water and salt. Leave it for a little while and then roll out quite thin. Tear into pieces about the size of a penny with the forefinger and the thumb, and scatter them over the baking board to prevent them from sticking together. Drop them into boiling salt water. When they rise to the surface rinse in cold water, drain, and put them into a little hot fat.

Before serving, scatter the crumbled cottage cheese over the pastry, pour sour cream over it, and sprinkle the top with some tiny cubes of bacon fried crisp in their own fat.

117 Jam Pockets (Barátfüle)

*600 g—1 lb 5 oz flour * salt * fat * 4 eggs*
*thick plum or damson jam * breadcrumbs*

Make a thick dough of the flour, the eggs, water and salt. Divide into two parts and roll out thin. On one sheet of dough put half teaspoons of jam at 5 cm—2 inch intervals and brush the parts between the jam with the white of an egg. Place the other sheet of dough on the top of this one, and press it lightly down between the jam to make it stick. Let it stand a little, then cut between the jam with a pastry wheel and spread the pockets out on a board dredged with flour. When all have been cut out, drop them into boiling water.

When the pockets have risen to the surface of the water, lift them out with a strainer and pour cold water over them. When the cold water has run off, put them into a saucepan with hot breadcrumbs browned in fat, and shake to coat them evenly with the breadcrumbs. Dredge with sugar.

The same kind of pockets may be filled with white cheese or any other kind of jam. White cheese filling is made as follows: rub fresh white cheese through a hair sieve and mix with a little salt, sugar, grated lemon rind, a few raisins and the yolks of eggs.

118–121 Pancakes (Palacsinta)

*150 g—5 oz flour * 2 eggs * yolk of an egg*
*about 200 ml—7 fl oz milk * 1 teaspoon sugar * salt*

Make a batter of the flour, the egg, the yolk of another egg, sugar, salt, the milk and 100 ml—4 fl oz water. This is enough for 12 pancakes, care must therefore be taken to make them thin enough. Thefrying pan must be neither too hot, nor too cool.

The pancakes may be filled with:

Walnut filling: Mix roughly ground walnuts with sugar and a little lukewarm milk, and put as much as desired into each pancake and fold. Honey may be used instead of sugar and a few raisins can be added.

Chocolate filling: Melt some chocolate with milk.

Cottage cheese filling: Rub cottage cheese through a sieve and mix with sour cream, raisins, grated lemon rind, sugar and a little salt.

The pancakes may also be filled with thick apricot or plum jam. Do not overfill them.

122 Cabbage Pancakes (Káposztás palacsinta)

*1 white cabbage * 80 g—3 oz flour * 100 ml—4 fl oz milk*
*1 egg * yolk of an egg * 60 g—2½ oz fat*
salt, sugar, pepper

Chop the cabbage quite fine and sprinkle with salt. Let it stand in the salt. Brown some sugar in hot fat, squeeze the cabbage well out of the brine and cook it in the lard and sugar with a little pepper until done. Make a batter of about 100 ml—4 fl oz of milk, the same quantity of water, a whole egg and the yolk of another, some salt and sugar and 80 g—3 oz of flour. Stir the stewed cabbage into the batter, and fry like pancakes. If the batter is too stiff, it may be diluted with some milk.

123 Pancakes à la Gundel (Gundel palacsinta)

12 pancakes (see recipes No. 119–122)
For the filling:
*180 g—6 oz ground walnuts * 100 g—4 oz raisins*
*grated orange rind * 50 ml—2 fl oz milk * 50 ml—2 fl oz rum * 150 g—5 oz sugar * 60 g—2½ oz butter*

For the Chocolate Sauce:

*100 g—4 oz chocolate * 50 g—2 oz cocoa*
150 g—5 oz sugar
*3 egg yolks * 200 ml—7 fl oz milk * 100 ml—4 fl oz cream*
*100 ml—4 fl oz rum * 20 g—¾ oz flour*

Mix the walnuts with the milk, sugar and rum to make a smooth paste. Mix in the raisins and the grated orange peel. Fill pancakes with this mixture, and fry lightly on both sides in butter directly before serving.

Make a chocolate sauce of the above ingredients, flavouring with rum. The fried pancakes are served with this thick chocolate sauce.

124 Layered Pancakes (Rakott palacsinta)

18 pancakes (see recipes No. 119–122)
*150 g—5 oz ground walnuts * 200 g—7 oz cottage cheese*
*180 g—6 oz apricot jam * 120—4½ oz butter*
*60 g—2½ oz cocoa * 300 g—11 oz sugar*
*50 g—2 oz raisins * grated rind of ½ lemon * 3 egg yolks*
*5 egg whites * vanilla pod*

Make thin pancakes. Put one pancake on the bottom of a baking tin greased with butter. Sprinkle with ¼ of the nuts mixed with sugar. Mix the cottage cheese, egg yolks, sugar and raisins. Cover the nuts with another pancake and top this with ¼ of the cottage cheese mixture. The next pancake layer is sprinkled with cocoa mixed with sugar and basted with melted butter. Follow with another pancake spread with ¼ of the apricot jam. Repeat succession of layers in the same order: nuts, cottage cheese, cocoa and jam. Bake well in the oven, and when ready top with a meringue of the beaten egg whites about an ich and a half thick. Put again into oven for the meringue to set. Dust with vanilla sugar before serving.

125 Slipped Pancakes (Csúsztatott palacsinta)

*6 eggs * 60 g—2½ oz flour * 60 g—2½ oz sugar*
*150 g—5 oz fat * 100 g—4 oz melted butter*
*300 ml—½ pt cream * 1 lemon*

FOR FILLING:

*150 g—5 oz walnuts * 150 g—5 oz castor sugar*
*150 g—5 oz orange jam * 6 servings of punch sauce*

Mix the butter, egg yolks and sugar well, fold in the flour and the cream. Beat egg whites till stiff and fold into mixture. Grease frying-pan, and when hot pour in enough of the mixture to cover the pan to a thickness of about 1.25 cm—½ inch. Fry one side and then put into oven for a few minutes so that the top of the batter dries, but leaves the inside soft. When finished slip onto a platter, so that the fried side is next to platter. Top with ground walnut mixed with castor sugar. After the second pancake is done, slip on top with fried side downward. Spread the top of the second pancake with marmalade. Alternate until the butter is used up. Brown the upper side of the topmost pancake a little more and dust with castor sugar. Serve with punch sauce in a separate bowl.

126 Szeged Cottage Cheese Squares (Szegedi túróslepény)

*300 g—11 oz cottage cheese * 150 g—5 oz butter*
*200 g—7 oz flour * 10 eggs * 100 ml—4 fl oz cream*
salt, sugar

Knead the butter, the yolks of two eggs and a little salt into the flour. Roll out thin, and bake for a while in a moderate oven. When about half-baked spread the filling on the pastry, and bake. The filling: rub the cottage cheese through a sieve, and mix it thoroughly with the cream, a little salt and sugar and the yolks of 8 eggs. Fold in lightly the whipped whites of the eight eggs.

Serve hot. Great care must be taken in cutting it, otherwise the pastry will crumble.

It is also very good without sugar. If none is used, a little finely chopped dill should be added to the filling.

127 Rákóczi Cottage Cheese Squares (Rákóczi túróslepény)

*120 g—4½ oz flour * 100 g—4 oz butter*
*60 g—2½ oz castor sugar * 1 egg*
*50 ml—3 tablespoons sour cream * dash of bicarbonate of soda*

For Filling:

*600 g—1 lb 5 oz cottage cheese * 180 g—6 oz castor sugar*
*30 g—1 oz semolina * 3 egg yolks*
100 ml—4 fl oz sour cream

For Lattice Topping:

Beaten white of 3 eggs with 90 g—3½ oz sugar

Mix the flour, bicarbonate of soda, butter, sugar and sour cream into a dough. Knead and roll out, put into a baking tin and bake until half done. Mix the ingredients for the filling. Spread the cheese mixture onto the pastry and put back into oven. Squeeze the beaten whites and sugar through a bag to form a lattice work on top of the cheese filling. Return to the oven for a few minutes until the meringue lattice sets. Cut into portions with a wet knife and dust with vanilla sugar.

Rétes

Rétes, which has been in vogue in Hungary for centuries, has always been the pride of Hungarian cooks. The excellent quality of the Hungarian flour is the reason why it cannot be made so well anywhere else. In the first place great care must be taken that the flour—only one kind must be used—be neither damp nor freshly milled. Smooth flour of the finest grade which contains 13 per cent gluten and 65 per cent starch, is recommended.

Rétes for Six Persons

*250 g—9 oz flour * ½ teaspoon salt * 1 egg yolk*
*20 g—¾ oz fat * 100 ml—4 ½ fl oz lukewarm water*
*100 ml—4½ fl oz sour cream * some melted lard*

Take half a pound of the finest smooth flour. Sift it through a hair sieve onto the board, heap it up and make a hole in the centre. In this hole put the salt, the yolk of an egg, the fat, the lukewarm water, and the cream and mix well with the fingers of the right hand. Then knead the mixture till it comes clean off the hand and the baking-board. Make a flat round loaf of it, dredge flour over it, cover with a warmed linen cloth and let it stand for 10 or 15 minutes. Spread a table-cloth on the kitchen table, dredge it with flour, pick up the dough on the knuckles of both hands and put it on the table-cloth with a spreading movement of the hand. Then put the fingers of both hands under the dough, and pull it gently in all directions till it covers the whole table and hangs down over the edges. Great care is needed to prevent tearing the dough. It should be as thin as tissue paper. When the dough has been pulled out thin enough tear off the thick edges with a winding movement round the table.

Sprinkle some lukewarm lard on the dough, leave it for a few minutes, then spread or sprinkle over it whatever filling is desired. Fold the edges back and with the aid of the table-cloth, caught up near two of its corners and held stiffly, roll it up into a roly-poly, then put it into a greased baking-tin, brush with melted fat or the yolk of an egg and bake for 20 or 25 minutes in a moderate oven. It should be brown and crisp by that time, with a fine crust.

Rétes is usually served hot. Take it out of the oven, cut it into pieces of the desired size, lay them on a silver or china dish and sift sugar over them.

128 Apple Rétes (Almásrétes)

*Rétes dough * 1½ kg—3 lb apples peeled and sliced*
*50 g—2 oz raisins * 80 g—3 oz fat*
100 g—4 oz breadcrumbs
*100 g—4 oz sugar * cinnamon*

When the dough has been pulled out thin enough, sprinkle it with melted fat and breadcrumbs. Spread the apples, sliced and mixed with the raisins, sugar and cinnamon evenly over it. Roll up, put into greased tin, and bake in moderate oven.

129 Cherry Rétes (Cseresznyés rétes)

*Rétes dough * 80 g—3 oz fat*
100 g—4 oz breadcrumbs
1½ kg—3 lb cherries
*120 g—4½ oz sugar * cinnamon*

Pull the dough out thin, sprinkle with melted fat and breadcrumbs and scatter the cherries mixed with the raisins, sugar and cinnamon evenly over it.

Roll up, put in a greased tin, and bake.

130 Poppyseed Rétes (Mákosrétes)

*Rétes dough * 300 g—11 oz ground poppyseed*
*200 g—7 oz sugar * 100 g—4 oz grated apples*
*50 g—2 oz raisins * about 200 ml—7 fl oz milk*
grated lemon rind

Boil the ground poppyseed with the sugar and the milk. Let it cool, then mix with the grated apples, the raisins and the grated rind of a quarter of a lemon.

131 Sour (Morello) Cherry Rétes (Meggyesrétes)

Follow directions given in recipe No. 129, but use Morello cherries instead.

132 Plum Rétes (Szilvás rétes)

See recipe No. 129, but use stoned plums or damsons instead of cherries.

133 Walnut Rétes (Diósrétes)

The method is the same as for poppyseed rétes, only instead of poppyseed take 400 g—14 ounces of pounded walnuts and omit the apples.

134 Cabbage Rétes (Káposztásrétes)

*Rétes dough * 1 kg—2 lb cabbage*
30 g—1 oz sugar
*120 g—4½ oz fat * salt * pepper*

Chop the cabbage fine, salt it and leave it for about an hour. Then squeeze all the brine out of it, and brown the cabbage with the sugar in the fat which must be boiling-hot. Add the pepper and let it cool. Then fill the pulled out dough in the usual manner.

135 Cottage Cheese Rétes (Túrósrétes)

*Rétes dough * 450 g—1 lb cottage cheese * 3 eggs*
*250 g—9 oz sugar * 50 g—2 oz raisins*
grated lemon rind (¼)
30 g—1 oz breadcrumbs
40 g—1½ oz butter

Beat the sugar, butter and the yolks of the 3 eggs to a cream. Add the cheese, which must previously be rubbed through a sieve, the whipped whites of the eggs and the raisins. Pull the dough out, spread the mixture evenly over it, and scatter some breadcrumbs on the mixture.

136 Plum Dumplings (Szilvásgombóc)

*6 potatoes * 3 eggs * 40 g—2 oz butter*
*salt, flour * plums or damsons*

Boil six mealy potatoes and rub them through a hair sieve. Add the butter, eggs, salt and as much flour as they will absorb (not too much). The dough must be about the consistency of rétes dough. Roll it out and then cut it into squares big enough to hold a plum. Stone the plums or damsons, fill the cavity with sugar and cinnamon. Apricots may be used instead of plums. Form a dumpling of each square. Drop them into boiling-hot salt water and cook till done, then drain. Roll the dumplings in breadcrumbs that have been browned in butter or lard, sprinkle with sugar, and serve.

137 Cottage Cheese Dumplings (Túrógombóc)

*1 kg—2 lb cottage cheese * 3 or 4 eggs*
200 g—7 oz butter
*salt * 120 g—4½ oz semolina * 50 g—2 oz flour*
100 ml—4 fl oz sour cream
100 g—4 oz breadcrumbs

Squeeze out the cottage cheese, rub it through a hair sieve or crumble it very small. Add 3 or 4 eggs, a little salt, about 3 oz of the butter, the semolina and a little flour. Mix well and make dumplings. Boil them in salt water. When serving, scatter breadcrumbs that have been browned in the remaining butter, over them. Pour the sour cream on top. They may also be served with plum jam.

138 Crackling Pogácsas (Tepertős pogácsa)

*1 kg—2 lb flour * 500 g—1 lb minced cracklings*
*250 g—9 oz butter * 40 g—1½ oz fresh yeast*
*salt, pepper * 400 ml—about 14 fl oz milk*
300 ml—½ pt white wine

Heap the flour on a wooden board and make a hole in the centre. Fill this hole with the salt, pepper, milk, wine and cracklings mixed with the yeast and the butter, and knead well.

When the dough has risen slightly, roll it out, fold like puff pasta and let it stand on ice for a few hours or overnight. Before baking, roll, fold and roll again. Stamp the pogácsas out with a round sharp edged biscuit cutter. Make a network of incisions on top of each pogácsa, brush with the white of an egg, let them rise for 15 or 20 minutes, and bake in a hot oven till brown.

139 Rod Biscuits (Kürtős kalács)

*300 g—11 oz flour * 100 g—4 oz butter*
140 g—5 oz sugar
*200 g—7 oz walnut or almonds * 10 g—⅓ oz yeast*
*yolks of 6 eggs * about 100 ml—4 fl oz milk * salt*

Rub the butter into the flour, add the yolks of the eggs, a little salt, the sugar and the yeast which has been dissolved in milk. Knead the mixture well on a board and set it to rise under a floured cloth in a warm place. When risen roll it out to the thickness of a 10 pence coin and cut it in strips about 2½ cm—1 inch wide. Take a wooden rod or pin about 5 cm—2 inches in diameter, warm it over the fire and butter it well. Then wind a strip of the dough carefully round it, letting the edges overlap slightly. Coat with the white of an egg and sprinkle with coarsely chopped walnuts or almonds and roughly crushed sugar. Bake the biscuit over a clear fire, turning the rod all the time and frequently brushing with butter. When the biscuit is done, remove it from the pin and sprinkle with vanilla sugar. Repeat till all are ready. Serve with jam.

140 Carnival Doughnuts (Farsangi fánk)

*1 kg—2 lb flour * 120 g—4½ oz butter*
100 g—4 oz sugar
*60 g—2½ oz yeast * about 400 ml—14 fl oz milk*
*yolks of 12 eggs * 2 whole eggs * salt, rum, lemon*

Make a thin batter of the milk and yeast with a little flour. Set to rise. Then add all the ingredients except the flour. When thoroughly mixed add the rest of the flour. Beat well and set in a warm place to rise. When risen, turn it carefully onto a well-floured board. Stamp the doughnuts out with a biscuit cutter, cover them with a floured cloth and leave then to rise again. When risen, fry a few doughnuts at a time in deep fat. Cover with lid until one side is brown. Then turn over carefully and fry the other side, without the lid on. Serve with apricot jam that has been warmed and diluted with a little water. It is very important that the dough should rise in an even temperature. Any sudden change of temperature—a cold draught—is enough to prevent it from rising properly and the doughnuts will not be light.